CW00797136

LEE Y COMPARTE®
juntos
Biblia
y devocional

Para:

_____

De:

_____

Fecha:

_____

Den gracias al Señor por todas las maravillas que hace;
proclámenlo a todas las naciones.
Cántenle, sí, cántenle alabanzas;
y hablen a todos de sus milagros.
¡Siéntanse orgullosos de su santo nombre;
adoradores de Dios, alégrense!
Busquen al Señor y su fortaleza;
sigan siempre buscándolo.
Recuerden las maravillas que él ha hecho,
los milagros y los juicios que de él hemos recibido...
él jamás olvida sus promesas.

SALMO 105:1–5, 8 Nueva Biblia al Día

LEE Y COMPARTE®
Juntos
Biblia
y devocional

Más de 200 historias bíblicas favoritas y 50 devocionales

Historias narradas
por Gwen Ellis

Ilustrada por
Steve Smallman y Jeffrey Ebbeler

GRUPO NELSON
Una división de Thomas Nelson Publishers
Desde 1798

NASHVILLE   DALLAS   MÉXICO DF.   RÍO DE JANEIRO

Lee y comparte juntos Biblia y devocional (publicado anteriormente como la
Biblia lee y comparte y *Devociones lee y comparte*)
© 2013 por Grupo Nelson®
Publicado en Nashville, Tennessee, Estados Unidos de América. Grupo Nelson, Inc.
es una subsidiaria que pertenece completamente a Thomas Nelson, Inc. Grupo Nelson
es una marca registrada de Thomas Nelson, Inc. www.gruponelson.com

Título en inglés: *Read and Share® Bedtime Bible and Devotional*
© 2012 por Thomas Nelson, Inc.
Publicado por Thomas Nelson, Inc.

Biblia lee y comparte © 2010 por Grupo Nelson®. Publicado en Nashville, Tennessee,
Estados Unidos de América.
Historias narradas por Gwen Ellis; Ilustrada por Steve Smallman y Jeffrey Ebbeler
Edición mundial coproducida por Lion Hudson plc, Mayfield House, 256 Banbury Road,
Oxford OX2 7DH, Inglaterra. Teléfono: +44 (0) 1865 302750; Fax: +44 (0) 1865 302757;
Email: coed@lionhudson.com. www.lionhudson.com

Devociones lee y comparte © 2011 por Grupo Nelson®.
Publicado en Nashville, Tennessee, Estados Unidos de América.
Historias narradas por Gwen Ellis; Ilustrado por Steve Smallman y Jeffrey Ebbeler
Obras por Gwen Ellis, June Ford y Laura Minchew © 2008, usadas con permiso.

A menos que se indique lo contrario, todos los textos bíblicos se han tomado de la Santa Biblia,
Nueva Biblia al Día © 2006, 2008 por la Sociedad Bíblica Internacional®. Usada con permiso.
Todos los derechos reservados mundialmente.

Editora en Jefe: *Graciela Lelli*
Traducción: *Ammi Publishers International*
Adaptación del diseño al español: *Grupo Nivel Uno, Inc.*

ISBN: 978-1-60255-875-5

Impreso en Singapore. Printed in Singapore
13 14 15 16 17 RRD 9 8 7 6 5 4 3 2 1

Para Paige y John Mark

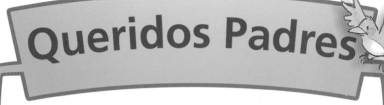

Queridos Padres

Lo que ahora tienen en sus manos no es simplemente un libro; es una manera única de compartir la Palabra de Dios con los niños en su vida, una manera de ayudarles a conocer el amor, la bondad y la fidelidad de Dios hacia nosotros... y de compartir esas buenas noticias con otros.

En el apresurado mundo de hoy, no es fácil conseguir tiempos especiales juntos en familia. Sin embargo, es mi esperanza que las 208 historias pequeñas de esta Biblia le permitan aprovechar al máximo esos importantes momentos juntos.

Dios le bendiga a usted y a los niños relacionados con usted, mientras le conocen mejor a través de las páginas de este libro.

Bendiciones,
Gwen Ellis

Consejos prácticos sobre cómo utilizar la Biblia

- Lea estas historias en voz alta a sus niños. Dramatice la historia mientras la lee. Haga a los leones *rugir* y *retumbar* al trueno. A los niños les encantará la historia, escucharán, responderán y recordarán. Los niños mayores se beneficiarán de la lectura independiente de estas historias además de escuchar la lectura en voz alta.

- Cuando termine la historia, discuta las preguntas, pensamientos y la información extra en los recuadros al final de las historias. Este intercambio y discusión provocará que este libro de historias bíblicas sea único y ayudará al niño a centrarse en el significado real de las historias. No desaproveche este importante elemento.

- Utilice el libro como herramienta de ayuda para refrescar su memoria sobre historias favoritas. Incluso podría escuchar alguna que antes no escuchó. De cualquier modo, acójalo como una experiencia instructiva tanto para usted como para su niño.

- Emplee las historias de la *Biblia lee y comparte* como parte del estudio bíblico familiar, en las clases de escuela dominical, para la hora de dormir o cualquier otro momento especial de lectura con niños.

Contenido de la Biblia

Contenido de las devociones

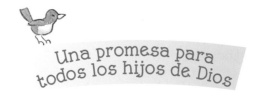

Una promesa para
todos los hijos de Dios

Ningún mortal ha visto,
ni oído, ni imaginado
las maravillas que Dios
tiene preparadas
para los que aman al Señor.

1 Corintios 2:9

Antiguo Testamento

El primer Día

Génesis 1:1–5

En el principio Dios hizo el cielo y la tierra. Al comienzo la tierra estaba vacía y oscura, pero Dios formó la luz y la llamó *día*.

Luego Dios separó la oscuridad y la llamó *noche*. Dios cuidaba de todo.

¿Qué crees que hizo Dios después?

El segundo Día

Génesis 1:6–8

En el día dos Dios dividió el aire del agua. Él puso un poco de agua por encima del aire y otro por debajo. Dios llamó al aire *cielo*.

Al siguiente día Dios hizo algo que a muchos niños les gusta, especialmente en el verano. ¿Adivina qué es?

El tercer día

Génesis 1:9–13

En el tercer día Dios estuvo ocupado.
Él hizo océanos, lagos, cascadas y ríos.
También hizo la tierra seca.

6

Luego hizo las plantas. Él hizo tantos tipos de árboles, flores y arbustos diferentes que nadie los puede contar todos. Dios dijo que su trabajo era bueno.

¡Tremendo! Dios hizo tantas cosas ese día.
Sin embargo, ¿puedes adivinar qué falta?

El cuarto día

Génesis 1:14-19

En el cuarto día Dios puso el sol en el cielo
para calentar la tierra. Entonces vio que
la noche estaba muy oscura, así que puso
la luna y las estrellas en el cielo.

8

Después Dios hizo la primavera, el verano, el otoño y el invierno. Todo lo que Él hizo era bueno.

Luego Dios hizo cositas graciosas, blanditas, que revolotean. Veamos cuáles fueron.

El quinto día

Génesis 1:20–23

El quinto día Dios hizo estrellas de mar, pulpos, ballenas y tortugas. Hizo peces pequeños y rápidos para los ríos, así como peces grandes y escurridizos para los océanos.

Dios hizo grandes aves como las águilas para elevarse en el cielo y pajaritos vigorosos como el colibrí. Dios hizo aves de todas las formas, tamaños y colores.

¿Cuál pájaro te parece que es el más bonito?
¿Cuál el más fuerte?

El sexto día

Génesis 1:24–31

Al sexto día Dios hizo los animales:
perritos, vacas, caballos, gatitos, osos,
lagartos, ratones, gusanos y muchos
más. Todo era bueno.

No obstante, algo faltaba todavía. No había personas. Así que Dios hizo una. Cuando la hizo, la hizo parecida a Él mismo. La hizo de manera que pudiera ser su amigo.

¿Dónde crees que vivió la primera persona?

Adán y Eva

Génesis 2:1–5, 15–22; 3:20

Dios nombró al primer hombre Adán y lo puso en un huerto hermoso. Le dio todos los animales. Le dio todos los peces y también las aves.

Entonces Dios le dio algo más a Adán.
Dios hizo una mujer para que fuera la
esposa de Adán. El hombre nombró a su
esposa Eva. El séptimo día Dios descansó
de todo su trabajo.

Oh, oh, algo malo estaba a punto
de suceder en la tierra.

La serpiente engañosa

Génesis 2:16–17; 3:1–6

Dios les dio a Adán y a Eva una regla: «Coman cualquier cosa que quieran excepto la fruta del árbol que está en medio del huerto».

Una serpiente vieja y engañosa vino a Eva y le dijo: «Cómelo, así lo sabrás todo igual que Dios». Entonces Eva comió la fruta, le dio a Adán y él también comió.

Cuando desobedecemos a Dios, eso se llama *pecado*.
Siempre hay consecuencias cuando desobedecemos.

Fuera del Huerto

Génesis 3:8–24

Una tarde Dios vino a visitar a Adán y
a Eva pero ellos estaban escondidos.
Cuando Dios los encontró les preguntó:
«¿Qué has hecho?» Adán le contó todo.
Dios se entristeció.

Por haber desobedecido a Dios, Adán y Eva tuvieron que salir del hermoso huerto. En cuanto estuvieron fuera del huerto, Adán y Eva tuvieron que trabajar muy duro para cultivar alimentos.

Cuando desobedecemos, Dios se entristece mucho y nuestros padres también.

Noé

Muchos años más tarde en la tierra había cantidad de personas, pero la mayoría de ellas eran malas. Un hombre, llamado Noé, era bueno. Él obedecía a Dios. «Quiero que construyas un barco», le dijo Dios a Noé.

Noé comenzó en seguida. La gente
se reía de él pues ellos vivían en un
desierto y no había agua para su barco.
Pero Noé continuó construyendo el
barco.

21

¿Crees que es fácil obedecer cuando todos
se están riendo de ti?

El gran barco

Génesis 7:1–15

Cuando estuvo listo el barco, Dios dijo
a Noé y a su familia que entraran al
barco. Entraron sus hijos Sem, Cam y
Jafet. Y también las esposas de ellos
y la de Noé.

«Ahora trae dos de cada especie animal», le dijo Dios a Noé. Noé hizo exactamente lo que Dios le dijo que hiciera y Dios lo protegió.

Algo muy mojado estaba a punto de suceder afuera.

Dentro del barco

Génesis 7:16–24

Cuando el último animal subió dentro del barco, Dios cerró la puerta. *¡Plip! ¡Plop! ¡Plip!* Comenzó a llover. Llovió tanto, que el agua estaba sobre las praderas. Llovió tanto, que el agua cubrió los pueblos. Llovió tanto, que hasta cubrió las montañas.

Pero dentro del barco, todos estaban a salvo.

¿Cuántos días crees que llovió?

La paloma

Génesis 7:12; 8:1–19

Después de 40 días y 40 noches, la lluvia
paró. No obstante, no era tiempo aún
para bajar del barco. Había agua por
todas partes. Un día Noé dejó salir a una
paloma pequeña para ver qué pasaba en
la tierra.

La paloma trajo de vuelta una hoja verde. ¡Hurra! ¡Las plantas estaban creciendo de nuevo! ¡Ya casi era el momento de salir!

¿Qué piensas que hicieron todos cuando Noé abrió la puerta del barco?

El arco iris

Génesis 8:18–22; 9:1–17

Cuando cada uno estuvo fuera del barco, Noé construyó un altar. Él dio gracias a Dios por mantenerlos a salvo. ¡Entonces ocurrió algo maravilloso!

Dios puso un arco iris hermoso en el cielo y le hizo a Noé una promesa. Dios dijo: «Nunca más habrá un diluvio como este sobre toda la tierra». Cuando Dios hace una promesa, la cumple.

Todas las promesas de Dios están en la Biblia. ¿No es maravilloso pensar en todo lo que nos ha prometido?

Babel

Génesis 11:1–9

Muchos años más tarde en la tierra había
cantidad de personas. Todas hablaban
el mismo idioma. Algunas personas que
vivían en la ciudad de Babel se volvieron
demasiado orgullosas. Ellas dijeron:
«Vamos a construir una torre que llegue
hasta el cielo. Seremos famosos».

Dios provocó que ellas hablaran diferentes idiomas, de manera que no pudieran hablar unas con otras. Al no entenderse entre ellas, dejaron de construir la torre.

¿Tienes amigos que hablan otro idioma?
¿Eres paciente con ellos?

Abram

Dios eligió a Abram para ser el padre de una familia muy importante. En un día futuro, Jesús vendría de esa familia.

Dios le dijo a Abram: «Yo te haré famoso. Tus hijos y nietos serán tantos como las estrellas. Serán tantos como los granos de arena en la playa. Tú no podrás contarlos».

¡Tremendo! Esa es una promesa maravillosa.
¿Cómo crees que se sintió Abram?

La tierra prometida

Génesis 12:1–9

Dios le dijo a Abram que se mudara a
un lugar nuevo. Abram no tenía mapas.
Dios le dijo: «Yo te mostraré a dónde ir».
Abram salió caminando. Llevó con él a su
mujer, su sobrino y a sus sirvientes.

Cuando Abram y su familia llegaron a una tierra llamada Canaán, Dios le dijo: «Este es tu nuevo hogar. Lo entrego a ti y a todo aquel que alguna vez sea parte de tu familia».

Si tus padres te dijeran: «Nos iremos de viaje pero no podemos decirte a dónde». ¿Confiarías en que ellos te llevan a un lugar bueno?

Los visitantes de Abraham

Génesis 17:1–8; 18:1–8

Cuando Abram tenía 99 años, Dios le cambió el nombre por Abraham. Su nuevo nombre mostraba que él pertenecía a Dios. Poco tiempo después, tres hombres vinieron a la tienda de Abraham y él los invitó a almorzar.

«¡Rápido! Hornea un poco de pan», le dijo
Abraham a su esposa. Mientras tanto
Abraham se apresuró a cocinar algo de
carne. Cuando la comida estuvo lista,
Abraham la trajo a sus visitantes. Los
hombres se sentaron a comer.

**Abraham no lo sabía, pero sus visitantes
venían del cielo.**

Sara se ríe

Génesis 18:9-16

Cuando uno de los visitantes terminó de comer, preguntó: «¿Dónde está Sara tu esposa?» «Ella está allá en la tienda», respondió Abraham. «El próximo año Sara tendrá un bebé», dijo el visitante.

Sara lo escuchó y se rió. Ella no podía creerlo. Pensó: *Soy muy anciana para tener un bebé y Abraham también es muy anciano.*

¿Qué tal si tu bisabuela tuviera un bebé? Sara tenía esa edad. Veamos cómo Dios mantiene su promesa.

El bebé Isaac

Génesis 21:1-7

Aproximadamente al año, Sara tuvo un varoncito, tal como Dios lo había prometido. Abraham llamó al bebé Isaac. El nombre Isaac significa «risa».

Sara estaba muy feliz con su bebé. Ella dijo: «Dios me ha hecho reír. Todos los que sepan de esto reirán conmigo».

Dios puede hacer cualquier cosa, pero a veces toma tiempo ver la respuesta. ¿Qué te gustaría pedirle a Dios que hiciera por ti?

Una esposa para Isaac

Génesis 24:1–14

Muchos años más tarde, Isaac se hizo adulto. Entonces Abraham le dijo a su sirviente: «Ve a la tierra de donde yo vine y busca una esposa para mi hijo».

El sirviente cargó camellos con todo tipo de regalos preciosos. Después de llegar a la tierra lejana, no estaba seguro de cómo encontrar una esposa para Isaac. En un lugar donde las jóvenes venían a cargar agua, él oró: «Permite que la joven apropiada me dé agua».

¿Cuántas jarras de agua crees que podían beber esos camellos?

Agua para los camellos

Génesis 24:15–20

Antes de que el sirviente terminara de orar, una hermosa joven vino a cargar agua. El sirviente le preguntó: «¿Me darías un poco de agua por favor?»

44

«Sí», dijo ella. «Yo daré agua a tus camellos también». Fue un trabajo fuerte. Los camellos sedientos pueden beber mucha agua. Ella iba de acá para allá sirviendo agua para todos los camellos.

¿Crees que el hombre notó cuán amable era la joven?

Rebeca

Génesis 24:21–61

El sirviente supo que aquella mujer sería
la esposa de Isaac. Su nombre era Rebeca.
El sirviente llevó regalos a la familia de
Rebeca y preguntó si Rebeca podía casarse
con Isaac.

Su padre dijo que sí y Rebeca también estuvo de acuerdo en casarse. Así que ella se fue de regreso con el sirviente para conocer a Isaac.

El sirviente necesitó que Dios le ayudara a encontrar la mujer apropiada. ¿Qué haces tú cuando necesitas la ayuda de Dios?

Isaac y Rebeca

Génesis 24:62-67

Los camellos se bamboleaban y tropezaban a lo largo de todo el camino hasta Canaán donde Isaac vivía. Una tarde justo antes de la puesta de sol, los camellos se detuvieron.

Un hombre joven caminaba por el campo. Él miró y vio los camellos. Su novia había llegado. Isaac amó a Rebeca. Él se casó con ella.

¿Crees que Rebeca estaba emocionada por ser elegida como esposa para Isaac? ¿Cómo crees que se sintió ella al irse hasta un lugar tan lejano?

Los mellizos

Génesis 25:21-26

Durante muchos años Rebeca no pudo tener hijos. Así que Isaac oró al Señor por este problema. Dios escuchó a Isaac y envió dos bebés, mellizos. Cuando nacieron los mellizos, uno era todo rojizo y velludo. Isaac y Rebeca lo llamaron Esaú.

El otro mellizo tenía una piel lisa. Ellos lo llamaron Jacob. Algún día cuando fueran adultos estos niños serían los líderes de dos familias grandes.

**Dios tiene las respuestas a todas nuestras oraciones.
¿Sobre qué te gustaría orar?**

El pillo Jacob

Génesis 25:27–34

Los niños crecieron y un día Esaú regresó de cazar. Jacob estaba cocinando. «Tengo hambre. Dame un poco de ese caldo», dijo Esaú.

Jacob era un pillo. Él le dijo: «Dame tus derechos como hijo mayor y yo te daré del caldo». Esaú aceptó: «Está bien. Si muero de hambre, mis derechos no me van a ayudar».

Esaú tomó una mala decisión. Ora y pídele a Dios que te ayude a tomar decisiones buenas.

El tonto Esaú

Génesis 25:34; 27:1–37

Jacob le dio a Esaú un tazón grande de caldo y él se lo comió. Esaú ni siquiera sabía que había sido engañado.

Tiempo después Esaú comprendió lo que le costó aquel tazón de caldo. Isaac, el padre de ellos, entregó todo lo que él tenía a Jacob lo cual debió haber sido para Esaú. Este había sido un tonto.

Esaú pensó que quería tener algo en el momento. ¿Por qué es tonto *no* pensar en las consecuencias?

Una escalera al cielo

Génesis 27:41–46; 28:10–18

Cuando Esaú se dio cuenta de que Jacob lo había engañado, se enojó mucho. Jacob tuvo miedo y escapó de él. Aquella noche en el desierto, Jacob tuvo que dormir al aire libre con una roca bajo su cabeza como almohada.

Jacob soñó con una escalera hacia el cielo llena de ángeles. Dios le habló a Jacob en el sueño y prometió bendecirlo.

¿Qué te parece tener una roca como almohada?

Raquel

Génesis 29:1–20

Jacob continuó su viaje, recorriendo una gran distancia hasta la casa de su tío Labán. Allí conoció a Raquel, la hermosa hija de Labán. Jacob se enamoró de ella.

Jacob le dijo a Labán: «Me quedaré aquí y trabajaré para ti si dejas que me case con Raquel». Así Jacob se quedó y trabajó siete años por la mujer que amaba.

¿Hay algo por lo cual tú estés dispuesto a esperar siete años?

¡Engañado!

Génesis 29:21-24

Después de siete años de trabajo duro, por fin llegó el momento de la boda de Jacob. Todos se vistieron para la boda. La novia tenía un velo grueso sobre la cara. Era tan grueso que Jacob no podía ver a través del velo.

Adivinen qué pasó. Labán engañó a
Jacob. Raquel no estaba debajo del velo.
Era Lea su hermana en lugar de ella.

¿Cómo crees que se sintió Jacob cuando se dio
cuenta de que había sido engañado?

De nuevo en casa

Génesis 29:25–30; 31:1–55

Jacob se enojó con Labán. «¿Qué has hecho?», le preguntó Jacob. Labán le dijo: «Trabaja un poco más y también te daré a Raquel». Jacob se casó con Raquel después de trabajar siete años más.

Entonces Jacob decidió dejar al engañador padre de Raquel. Él tomó a su familia y todo lo que tenía y comenzó el regreso a casa.

Jacob estaba de camino a casa pero era allí donde su enojado hermano vivía. ¿Qué piensas que ocurrió cuando ellos se encontraron?

Jacob lucha con Dios

Génesis 32:26-28

Cuando ya casi llegaban a casa, un sirviente le dijo: «Tu hermano Esaú viene hacia acá». Jacob pensó que Esaú venía a hacerle daño. Jacob tuvo miedo y oró: «¡Dios, sálvame de mi hermano!»

Aquella noche un hombre, quien en realidad era Dios, se le apareció. Jacob luchó con el hombre. «Bendíceme», le dijo Jacob. Dios bendijo a Jacob y le cambió su nombre por Israel.

Jacob significa «pillo». *Israel* «uno que lucha con Dios». ¿Qué tipo de persona preferirías ser?

Jacob y Esaú se encuentran

Génesis 33

A la mañana siguiente vino Esaú. Jacob
se inclinó ante él con temor. ¡Sorpresa!
Esaú estaba feliz de ver a Jacob. Esaú
corrió hacia Jacob y le dio besos y
abrazos.

«¿Quiénes son todas esas personas?», preguntó Esaú. «Son los míos», respondió Jacob. «Dios ha sido bueno conmigo». Los hermanos volvieron a ser amigos.

¿Tienes tú hermanos y hermanas?
¿Los tratas con amabilidad?

Los sueños de José

Génesis 37:1–8

Jacob tuvo 12 hijos varones. Los amó
a todos, pero amó más a José. A José
le gustaba hablar de sus sueños a sus
hermanos. Él les dijo que en un sueño, los
doce hermanos tenían manojos de trigo.

Entonces once manojos se inclinaban a su manojo. ¡Aaaah! Esto hizo enojar a sus hermanos mayores. Ellos le dijeron: «Tú no eres el rey sobre nosotros».

Dios tenía para esta familia un plan que nadie aún podía imaginar. Dios tiene también un plan para tu familia.

José el esclavo

Génesis 37:3, 12–20

Jacob le regaló a José un manto bonito de mangas largas. Esto puso celosos a sus hermanos.

70

Un día Jacob dijo: «José ve a chequear
a tus hermanos». Así que José salió
tranquilamente. Sus hermanos lo vieron
venir. «Ahí viene el soñador», dijeron.
«Librémonos de él». ¡Ten cuidado, José!

Aquellos hermanos tramaban algo malo.
¿Qué le harían a José?

Venden a José

Génesis 37:21-28

Los hermanos odiaban a José. Sin
embargo, uno de ellos dijo: «No le
hagamos daño. Sólo echémosle en este
pozo». Él planeaba rescatar más tarde
a José. Así que le quitaron su manto y lo
lanzaron al pozo.

Entonces, algunos hombres en camellos pasaban por allí. «Eh», dijeron los hermanos, «vendámoslo para que sea un esclavo». Ellos vendieron a su propio hermano.

**Eso que los hermanos hicieron fue horrible.
¿Qué pasaría después?**

El manto de José

Génesis 39:1–6

José no estaba solo. Dios lo estaba protegiendo. Pronto un hombre rico llamado Potifar lo compró para que fuera su esclavo. José trabajó e hizo muy bien todo lo que Potifar le pidió que hiciera.

Por esto Potifar puso a José a cargo de toda su casa y todos tenían que obedecerle.

Aun cuando parece que las cosas van mal,
Dios está protegiendo a sus hijos. Ahora mismo
Él te está protegiendo.

José en la cárcel

Todo iba de maravilla para José, hasta que un día la esposa de Potifar trató de engañarlo. Ella dijo mentiras acerca de José y Potifar le creyó a ella.

Potifar mandó a José a la cárcel. ¡Pobre José! Sus hermanos lo vendieron, una mujer mintió acerca de él y luego lo lanzaron a la cárcel. Eso no era justo. Pero Dios tenía un plan para José.

Nos ocurren muchas cosas que no son justas. Pero Dios siempre tiene un plan para ayudarnos.

José explica sueños

Génesis 40:1-13, 20-21

En la cárcel, uno de los prisioneros, le contó a José un sueño que había tenido. José escuchó con atención y Dios le mostró qué significaba el sueño de aquel hombre.

José le dijo que en tres días el hombre estaría trabajando para el rey de Egipto como lo hacía antes de que lo mandaran a la cárcel. Por supuesto, eso mismo sucedió.

José supo lo que Dios haría. Él había aprendido a escuchar a Dios. Tú también puedes.

El sueño del panadero

Génesis 40:16–22

Otro prisionero soñó que tenía tres canastas de pan que había horneado para el rey. En su sueño las aves se comían todo el pan.

José no tenía muy buenas noticias acerca de este sueño. Él le dijo: «Dentro de tres días morirás». José dijo la verdad.

¿Por qué crees que José era tan bueno para decir el significado de los sueños? El sueño más importante que José escucharía estaba muy cerca.

El sueño del rey

Génesis 41:1–36

Una noche el rey de Egipto soñó que siete vacas flacas salían del río y se devoraban a siete vacas gordas. Nadie podía explicar qué significaba aquel sueño.

«Llamemos a José», dijo el primer hombre que había contado en la cárcel su sueño a José. Lo hicieron así y Dios mostró a José qué significaba el sueño del rey. Serían siete años de mucha comida y luego serían siete años casi sin comida.

Era un sueño que daba miedo, ¿no es así? Algunas veces nuestros sueños significan algo, pero otras veces son sólo sueños.

José
al mando

Génesis 41:37–43

Cuando el rey escuchó lo que José dijo, hizo algo asombroso. Él puso a José al mando para juntar comida suficiente para alimentar a todos durante el tiempo de hambre.

El rey se quitó su anillo real y lo puso en el dedo de José. Le dio a José ropas finas para usar y puso una cadena de oro alrededor de su cuello. El rey hizo que José montara en una de las carrozas reales y todos tenían que hacer reverencia delante de él.

José pasó de ser un prisionero en la mañana a un gobernador en la tarde. Esto fue porque Dios tenía un plan para José y su familia.

Los hermanos de José visitan Egipto

Génesis 41:46–42:6

Durante los próximos siete años, José almacenó gran cantidad de comida. Entonces el tiempo de hambre llegó. Fue malo para otras tierras pero el pueblo de Egipto tenía comida.

La familia de José, en su tierra natal, tenía mucha hambre. «Vayan a Egipto y compren grano», dijo Jacob a sus hijos. Así que diez hermanos hicieron sus maletas y se fueron a Egipto. El hermano menor, Benjamín, se quedó en casa.

¿Qué crees que harán los hermanos de José cuando lo vean?

¡Espías!

Génesis 42:7–20

Cuando los hermanos llegaron al palacio,
José supo al instante quiénes eran ellos,
pero no lo reconocieron.

88

«Ustedes son espías», dijo José para probarlos. Ellos respondieron: «No, nosotros hemos venido para comprar comida». Ellos le contaron a José todo acerca de su familia.

José les dio comida pero les dijo que si alguna vez regresaban debían traer al hermano menor.

José quería ver a Benjamín. ¿Qué crees que estaban pensando los hermanos? ¿Piensas que la próxima vez traerían a Benjamín?

89

Los hermanos hacen reverencia

Génesis 43:15–26

Un día los hermanos de José necesitaron más alimentos. Ellos regresaron a Egipto y trajeron con ellos a Benjamín. José ordenó a sus sirvientes que prepararan una fiesta para ellos.

Cuando José llegó a la fiesta, todos los hermanos hicieron reverencia ante él. Tal como en el sueño de José acerca de los manojos de trigo de sus hermanos que se inclinaban ante el suyo.

91

¿Piensas que el sueño de José se hizo realidad?

José engaña a sus hermanos

Genesis 43:29–44:13

Cuando José vio a Benjamín se puso tan feliz que comenzó a llorar aunque no dejó que nadie viera sus lágrimas. José entregó a los hermanos el grano que querían.

Pero los engañó. Él puso su copa en el saco de Benjamín. La ley decía que cualquiera que tomara algo del gobernador tendría que ser su sirviente para siempre. Benjamín no pudo regresar a casa.

José engañó a sus hermanos pues él quería saber si sus corazones habían cambiado o si permitirían que alguien tomara a otro hermano.
¿Qué pasaría después?

Jacob va a Egipto

Génesis 44:3–45:28

Los hermanos le rogaron a José que no se quedara con Benjamín. José vio que sus corazones habían cambiado. Él les dijo: «Yo soy José, su hermano. Ustedes me vendieron para que fuera esclavo, pero Dios me envió aquí para salvarles la vida».

«Apúrense, vayan a casa y traigan aquí
a nuestro padre y a sus familias». Fue
así como el pueblo de Dios, los israelitas,
vinieron a vivir en Egipto.

Dios siempre tiene un plan.
Para ti también tiene un plan.

Un rey perverso

Éxodo 1:8–14

Años más tarde, mucho tiempo después de la muerte de José, un rey malvado convirtió a los israelitas en sus esclavos. Los capitanes de los esclavos eran perversos también. Ellos obligaban a los israelitas a trabajar cada vez más duro haciendo ladrillos y otras cosas para el rey.

«Hay muchos israelitas y son demasiado fuertes», dijo el rey. Así que pensó hacer algo terrible.

¿Por qué crees que el rey era malo con los israelitas?

Un bebé varón

Éxodo 1:22–2:2

Aquel rey malvado y anciano ordenó:
«Cada vez que nazca un bebé israelita
varón tienen que lanzarlo al río». ¡Eso
era terrible!

Un día una mujer israelita tuvo un bebé varón muy lindo. Ella decidió ocultar a su bebé del perverso rey y sus ayudantes. Esta fue una buena decisión.

Cuando tomamos la decisión correcta, Dios siempre nos ayuda. Veamos que ocurrió después.

La hermana buena

Éxodo 2:3–4

Después de un tiempo la mamá del bebé
ya no pudo seguir ocultándolo. Así que
tomó una canasta y la preparó para que no
pudiera entrarle el agua.

Entonces puso al bebé dentro de la canasta y puso la canasta en el río. La hermana mayor del bebé, María, se quedó muy cerca para ver qué pasaría.

María debió haber estado muy asustada. ¿Qué piensas que ella dijo cuando oró por su hermano pequeño?

Una princesa encuentra a Moisés

Éxodo 2:5–10

Dios estaba protegiendo al bebé. Cuando la princesa vino al río a bañarse vio la canasta. «Ve y trae aquella canasta», le dijo a su sirvienta.

La princesa miró dentro de la canasta. En ese mismo momento el bebé lloró y ella sintió pena por él. La princesa decidió cuidar de él como su hijo. Ella lo llamó Moisés.

¡Esto fue emocionante! Moisés iba a ser un príncipe de Egipto. Pero algo mejor aún estaba a punto de ocurrir.

La Madre verdadera de Moisés ayuda

Éxodo 2:7–10

María todavía estaba mirando. Aunque estaba asustada, salió y preguntó: «¿Necesita a alguien que cuide del bebé?» La princesa sonrió. «Pues, sí», contestó.

María corrió a casa y buscó a su madre, a la madre verdadera de Moisés, para que lo cuidara. Dios salvó al bebé Moisés y lo devolvió a su mamá por mucho tiempo.

Muchas cosas emocionantes iban a pasarle a Moisés cuando creciera. Sigamos leyendo.

Moisés huye

Éxodo 2:11–3:3

Después de un tiempo Moisés fue al palacio a vivir. Moisés hizo algo muy malo cuando era adulto. Él mató a un hombre.

Moisés huyó al desierto. Se casó con una mujer llamada Séfora. El nombre del padre de ella era Jetro. Un día cuando Moisés estaba afuera con las ovejas, vio un arbusto en el desierto. Estaba en llamas pero no se quemaba.

¿Qué estaba pasando?
¿Por qué no se quemaba el arbusto?

Extraño fuego

Éxodo 3:4–12

Moisés fue a ver ese extraño fuego. Dios le habló a Moisés desde el fuego. «No te acerques. Quítate las sandalias. Estás en tierra santa». Moisés estaba asustado. Cubrió su cara. «Ve, saca a mi pueblo de Egipto», le dijo Dios.

«No puedo hacer eso», dijo Moisés. Dios prometió a Moisés ayudarlo a guiar al pueblo.

Siempre que Dios nos pide que hagamos cosas difíciles, Él nos ayudará. Veamos cómo Dios ayudó a Moisés.

Moisés regresa a casa

Éxodo 4:14–5:1

Moisés regresó a Egipto para hablarles a los israelitas sobre su liberación. Dios mandó al hermano de Moisés, Aarón, para que lo ayudara.

Los israelitas se postraron de rodillas y
dieron gracias a Dios por acordarse de ell[
Entonces llegó el momento para Moisés de ir
a ver al perverso rey. Moisés llevó a Aarón
con él.

¡Oh, oh! Moisés tenía que pedirle al rey que dejara
en libertad a toda aquella gente. ¿Qué imaginas
que dijo el rey?

El rey dice: ¡No!

Éxodo 5:1–9

Moisés caminó hacia el rey y le dijo: «Dios dice: "¡Deja ir a mi pueblo!"» El rey dijo: «Yo no conozco a tu Dios. ¿Por qué debo obedecerlo? Esta gente tiene trabajo que hacer. No se pueden ir».

112

Entonces el rey obligó al pueblo a trabajar aún más duro. ¡Qué hombre tan malvado! Esto hizo que los líderes israelitas se enojaran contra Moisés.

¿Crees que Moisés cometió un error?

¿Un error?

Éxodo 5:19–6:9

Los líderes israelitas estaban enojados.
Ellos pensaban que Moisés seguramente
había cometido un gran error. «Hiciste
que el rey nos odiara», le dijeron ellos.

Moisés habló con Dios: «Señor, ¿por qué le has ocasionado este problema al pueblo? ¿Es para esto que me enviaste aquí?» Dios le respondió: «Verás lo que le haré al rey».

A veces aunque hacemos lo bueno, las cosas se ponen peor por un tiempo. Entonces necesitamos recordar que Dios puede ver más allá que nosotros.

115

La vara milagrosa

Éxodo 7:8–13

Dios envió a Moisés y a Aarón a presentarse de nuevo ante el rey. «Deja ir al pueblo de Dios», le dijo Moisés. «Haz un milagro», le respondió el rey. Aarón lanzó al piso su vara y esta se convirtió en una culebra.

Los hechiceros del rey lanzaron al piso sus varas y también se convirtieron en culebras, pero la culebra de Aarón las devoró a todas. El poder de Dios era el más fuerte. Pero el rey era tan malvado y su corazón estaba tan duro que dijo: «No, tu pueblo no se puede marchar».

**Esto se está poniendo más y más difícil.
¿Cómo rescatará Dios a su pueblo?**

Un río se convierte en sangre

Éxodo 7:14–24

Dios le dijo a Moisés: «Ve a encontrarte con el rey en el río. Dile que deje ir a mi pueblo o convertiré el río en sangre». Por supuesto, el rey dijo que no. Así que Aarón golpeó el agua con su vara y el río se convirtió en sangre.

El río olía horrible y no había agua para que las personas tomaran.

Algunas veces las personas no quieren escuchar a Dios. ¿Qué más crees que le ocurrirá a ese rey terco?

Ranas y más ranas

Éxodo 7:25–8:15

Después de siete días Moisés regresó ante el rey. «Deja ir al pueblo de Dios», le dijo Moisés. «No», le respondió el rey.

Esta vez Dios envió ranas. ¡No simplemente una o dos, sino más de las que cualquiera podría contar! Las ranas entraron en las casas, en las camas, en la comida y en los hornos. Las ranas eran repugnantes y estaban por todas partes.

Dios hablaba en serio. ¿Cuán peor crees que se pondrían las cosas antes de que el rey dijera que sí?

Mosquitos, moscas y úlceras

Éxodo 8:16–9:12

Cada vez que el rey decía no, las cosas iban poniéndose de mal en peor en Egipto. Dios envió piojos pequeños, diminutos que se arrastraban sobre todas las personas.

Luego Dios envió millones de moscas. Estaban por todas partes. Las vacas enfermaron y murieron. Entonces las personas enfermaron con llagas grandes llamadas *úlceras*. Pero el rey continuó diciendo cada vez: ¡No!

¡Sin dudas era un rey terco! ¿Puedes imaginarte que cosa tan terrible vino después?

Granizo, langostas y oscuridad

Éxodo 9:13-10:29

Luego Dios mandó una tormenta. Trozos grandes de hielo llamados *granizo* machacaron cada planta contra la tierra. Entonces los saltamontes hambrientos llamados *langostas* volaron hasta allí traídos por el viento. Había muchos de ellos, la gente no podía ver la tierra. Las langostas se comieron todos los alimentos.

Entonces Dios envió tinieblas justo al mediodía. Los egipcios no podían ver nada pero el rey de nuevo dijo que no.

¿Por qué piensas que el rey continuó
diciendo que no?

Cenar parado

Éxodo 11:1–12:28

Dios le ordenó a su pueblo que preparara una comida de cordero asado y que cenaran de pie con todas sus ropas puestas.

Les dijo que tuvieran sus varas en las manos. Dios sabía que pronto el rey cambiaría de opinión y su pueblo necesitaba estar preparado para partir.

Aquella noche los niños se quedaron despiertos hasta tarde y cenaron esa comida junto con sus padres. ¿Dime qué piensas que ocurrió después?

Algo terrible

Éxodo 12:29–51

A media noche, por haber sido el rey
tan testarudo, algo terrible ocurrió
en Egipto. Murieron todos los hijos
varones mayores, los de las vacas, los de
caballos y otros animales, pero ninguno
de los del pueblo de Dios ni de sus
animales murieron.

Por fin el rey dijo: «Tomen todo lo que tienen y salgan de Egipto». ¡Al fin el pueblo de Dios era libre!

129

Dios no quiere que les ocurran cosas malas a las personas, pero tuvo que hacer que el rey escuchara.

Nube y fuego

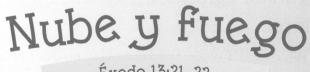

Éxodo 13:21–22

Cuando el pueblo de Dios salió de Egipto, ellos marcharon hacia el desierto. Dios hizo algo muy especial para ayudarlos. Él envió una gran nube para guiarlos durante el día.

La noche en el desierto era muy oscura. Por lo tanto, Dios cambió la nube por fuego. Era como una lámpara de noche gigante. Ahora el pueblo de Dios podía viajar un poco durante el día y también durante la noche.

Dios amaba a su pueblo. Él los estaba cuidando así como cuida hoy de nosotros.

Encerrados en el Mar Rojo

Éxodo 14:5–14

En Egipto el rey cambió de opinión y envío su ejército a perseguir a los israelitas y traerlos de vuelta. El ejército de carros y caballos se acercaba más y más.

El pueblo de Dios se detuvo exactamente frente al Mar Rojo. No había un camino a través del agua. Los soldados del rey estaban detrás de ellos y el mar estaba frente a ellos. Parecía como si estuvieran encerrados, pero no lo estaban.

¿Cómo piensas que se sintió el pueblo de Dios en aquel momento? ¿Triste? ¿Asustado? ¿Con esperanzas?

Un camino seco

Éxodo 14:15–31

Justo en ese momento Dios movió la gran
nube detrás de su pueblo para ocultarlos
del enemigo. Los egipcios no podían ver
nada. La nube se oscureció para los
egipcios, pero al otro lado la nube daba
luz para el pueblo de Dios.

Entonces Moisés levantó su mano sobre el mar. Durante toda la noche Dios empujó el mar con un viento fuerte y el agua se dividió para formar un camino seco hasta el otro lado. Los israelitas llegaron a salvo al otro lado. Pero cuando el ejército egipcio trató de utilizar el mismo camino, el agua se volvió a unir y cubrió a los soldados. Este fue el final del ejército del rey.

¿Te imaginas algo así como caminar por el medio del mar?

Alimento y agua

Éxodo 15:22–17:7

Dios guió a su pueblo a través del desierto. Dios los amó. Él se aseguró que tuvieran bastante comida y agua. Él les dio una extraña comida blanca llamada *maná*. Este alimento venía del cielo y era muy bueno para ellos, pero el pueblo se quejaba y se quejaba.

Una vez Dios hasta hizo salir agua de una roca para que ellos tuvieran agua fresca para beber. La gente estaba contenta de tener agua. Ellos dejaron de quejarse por un rato.

Dios quiere que seamos agradecidos. ¿Por qué cosas estás tú agradecido? ¿Qué debes decirle a Dios?

Los Diez Mandamientos

Éxodo 20:2–17; 24:12–18

Un día Dios llamó a Moisés que subiera hasta la cima de una montaña para tener una conversación.

Dios le dio muchas reglas a Moisés para
ayudar a su pueblo a saber cómo vivir.
Dios escribió las reglas en piedra con su
dedo. Nosotros llamamos estas reglas
Los Diez Mandamientos.

Dios nos da reglas para mantenernos a salvo.
Las reglas nos ayudan a tener vidas felices.
Papá y mamá tienen reglas también.
¿Puedes mencionar una de esas reglas?

Una tienda de campaña para Dios

Éxodo 25:8–9; 31:1–11

Dios le había ordenado a Moisés que construyera una tienda de campaña santa para que Dios pudiera vivir cerca de su pueblo. Entonces Dios le dio a Moisés alguien para ayudarlo a construir la tienda de campaña santa.

El nombre del ayudante era Bezaleel.
Dios dijo que su Espíritu ayudaría a
Bezaleel a conocer cómo hacer cosas
hermosas de oro y plata, así como joyas
y maderas talladas para la casa de Dios.

Dios da habilidades y talentos diferentes a personas diferentes. ¿Qué haces tú mejor? ¿Le has dado gracias a Dios por este talento especial?

Una caja santa

Éxodo 25:10–22; 40:20–21, 34–38

Una de las cosas que Bezaleel hizo para la tienda santa fue la caja santa. Él cubrió la caja con oro puro y le hizo una tapa de oro puro también.

Moisés puso las tablas de piedra de los mandamientos de Dios dentro de la caja santa. Bezaleel y Moisés trabajaron duro para hacerlo todo perfecto. Cuando la tienda santa estuvo terminada, la presencia de Dios la llenó toda. Dios había venido a vivir con su pueblo.

En la actualidad, ¿a dónde van las personas a adorar a Dios?

Moisés y Josué

Éxodo 33:7–11

Antes de construir la tienda santa, Moisés debía preparar otra tienda fuera del campamento. Cuando Moisés iba a la tienda para hablar con Dios, con frecuencia llevaba con él a un hombre joven llamado Josué.

Todo el pueblo se quedó parado afuera y vio a los dos hombres pasar adelante. Tan pronto como Moisés y Josué estuvieron dentro de la tienda, la gran nube bajó y cubrió la entrada.

145

¿Qué supones que estaba pasando dentro de la tienda? Veamos.

Dentro de la tienda

Éxodo 33:11; Josué 1:1–9

Dentro de la tienda, Dios y Moisés conversaron como viejos amigos y Josué escuchaba. Esta fue una de las maneras en que Moisés enseñaba a Josué cómo ser un líder del pueblo de Dios.

Cuando Moisés salió de la tienda hacia su casa, Josué prefirió quedarse en la tienda.

Llegar a conocer a Dios era importante para Josué. Dios tenía para él mucho trabajo por hacer.

Tú también puedes llegar a conocer a Dios si oras y escuchas lo que Él dice en la Biblia.

147

Moisés ve a Dios

Éxodo 33:18–23; 34:29–35

Un día Moisés le preguntó a Dios: «¿Me mostrarás cuán grande eres?» Dios colocó a Moisés dentro de una grieta en una roca y pasó frente a él.

148

Moisés sólo vio la espalda de Dios pero fue suficiente. La cara de Moisés se puso tan brillante por haber estado cerca de Dios que la gente no podía mirarlo. Moisés tuvo que cubrirse su cara para que la luz no quemara los ojos de ellos.

Tremendo. Moisés en realidad estuvo cerca de Dios, ¿no es así? ¿Cómo crees que nosotros podemos acercarnos a Dios?

Doce hombres exploran

Números 13:1–14:35

Un día Moisés mandó a doce hombres a explorar la tierra que Dios había prometido a su pueblo. La tierra tenía muchos alimentos pero las personas que vivían allí eran como gigantes. Dos hombres, Josué y Caleb, dijeron: «No se preocupen. Dios está con nosotros y Él es más fuerte que cualquier gigante».

Pero los otros hombres tuvieron miedo y dijeron: «Nosotros no podemos entrar en esa tierra». Dios no estaba contento con su pueblo. Ellos no confiaron en Él. Así que el pueblo de Dios tuvo que andar de un lado para otro en el desierto por cuarenta años más.

Dios quiere que creamos en su Palabra. De los doce hombres que exploraron la nueva tierra, ¿quiénes fueron los dos que confiaron en Dios?

La burra de Balán

Números 22:1-22

Cerca del final de su tiempo en el desierto, todo el pueblo de Dios acampó cerca de una ciudad. El rey de aquella ciudad tuvo miedo cuando vio tantas personas acampadas por allí. Él mandó a buscar a un profeta llamado Balán. «Haz algo para que esta gente se marche», le dijo el rey.

152

Así que Balán partió en su burra para ver qué podía hacer. Esto enojó a Dios pues Él quería que su pueblo estuviera allí.

Dios tenía una gran sorpresa para Balán.
Pasa la página y lee lo que ocurrió.

La burra y el ángel

Números 22:22–35

Dios envió un ángel con una espada para detener a Balán. Balán no pudo ver el ángel pero su burra sí pudo. La burra se detuvo. Cuando Balán azotó a la burra para que caminara, ella le dijo: «¿Por qué me azotas?» Entonces Balán vio el ángel. El ángel le dijo a Balán que ayudara al pueblo de Dios.

Dios puede hacer cualquier cosa. Él hasta hizo hablar a una burra para que Balán prestara atención.

El cruce del Jordán

Finalmente llegó el momento para que el pueblo de Dios entrara en su nueva tierra. No obstante, tuvieron que cruzar primero el Río Jordán.

156

No había puentes ni botes. Dios mandó a los sacerdotes que llevaran la caja santa y caminaran dentro del agua. Cuando lo hicieron, Dios hizo un camino seco y su pueblo caminó a través de él hasta el otro lado del río.

157

¿Qué crees que pensaron otros pueblos cuando escucharon acerca de lo que Dios había hecho por su pueblo?

Los muros de Jericó

Josué 6

La primera ciudad a la que llegaron fue Jericó. Tenía muros enormes y puertas, también guardias por todas partes. Dios dijo: «Marchen alrededor de Jericó todos los días durante seis días. El séptimo día los sacerdotes con trompetas deben marchar al frente».

«El séptimo día, marchen siete veces alrededor. Entonces que los sacerdotes toquen sus trompetas de forma larga y fuerte. El pueblo debe gritar y los muros caerán». El pueblo obedeció y aquellos muros se vinieron abajo.

A veces Dios nos pide hacer cosas que no comprendemos. Nosotros sólo necesitamos obedecer.

159

El sol se detiene

Josué 10:1–14

Josué luchó duro para ganar la tierra que Dios había prometido a su pueblo. Dios lo ayudó. Un día Dios envió granizos enormes que cayeron sobre los enemigos.

Tarde aquel día la batalla no había terminado. Josué dijo: «¡Sol, detente!» Dios mantuvo el sol en el mismo lugar donde estaba hasta que su pueblo ganó la batalla.

**Nada es imposible cuando Dios está a nuestro lado.
Dios quiere ayudarnos.**

Débora

Jueces 4:1–16

Cuando el pueblo se acomodó en
su nueva tierra, Dios les dio
líderes que los ayudaran.
Uno de ellos fue una
mujer llamada Débora.
La gente venía a verla
bajo un árbol para
que ella pudiera
resolver sus
disputas.

Ella y su general, Barac, salieron a una batalla. Débora era una mujer valiente que pudo vencer a sus enemigos. Dios estaba a su lado.

Débora fue sólo una de los muchos líderes valientes. Veamos quién más fue un líder.

Gedeón

Jueces 6:11–24

Un día un ángel vino a un hombre llamado
Gedeón y le dijo: «¡El Señor está contigo,
valiente guerrero! Ve, salva al pueblo de
Dios».

Gedeón respondió: «¿Yo? Mi familia es la más débil en nuestra tribu. Y yo soy el más débil en nuestra mi familia». El ángel le dijo a Gedeón: «Yo estaré contigo». De este modo Gedeón se convirtió en un líder del pueblo de Dios.

Dios no siempre busca a la persona más fuerte para hacer su trabajo. Él busca personas dispuestas a hacer lo que Él les pida que hagan.

Demasiados soldados

Jueces 6:33–7:8

166

Gedeón estaba asustado pero decidió que haría lo que Dios le había ordenado. Él reunió a un ejército. Dios le dijo: «Tienes demasiados soldados». Gedeón envió de regreso a casa a miles de hombres. Dios volvió a decirle: «Todavía tienes demasiados. Llévalos a beber agua. Deja solo a aquellos que recogen el agua con sus manos y la lamen como un perro». Por esto sólo trescientos soldados se quedaron con Gedeón.

¿Cómo podría Gedeón ganar una guerra sólo con trescientos soldados? ¡Pues veamos qué hizo Dios después!

Las trompetas y los cántaros

Jueces 7:16–22

Dios le dijo a Gedeón que le diera trompetas y cántaros a cada uno de sus hombres. Dentro de cada cántaro había una antorcha encendida.

Mientras el enemigo dormía, los hombres de Gedeón tocaron sus trompetas tan alto como pudieron. Entonces rompieron sus cántaros y dejaron brillar el fuego de las antorchas. Los soldados enemigos despertaron y se asustaron tanto que comenzaron a luchar entre ellos mismos. Después de un rato huyeron.

¡Ya que Gedeón hizo lo que Dios le mandó hacer, Dios ganó la batalla para su pueblo! ¡Sí, Dios!

Sansón

Jueces 13:1–5, 24–25

Dios eligió a uno de los líderes de su pueblo antes de que naciera.

Un ángel le dijo a la madre: «¡Tendrás un hijo! Pero nunca cortes su cabello. Su pelo largo mostrará que él es un nazareo; alguien que tiene trabajo que hacer para Dios».

170

Este bebé creció muy fuerte. Su nombre era Sansón y siempre vencía a sus enemigos.

¡Qué pena; Sansón no era tan inteligente como lo fuerte que era! Él estaba a punto de meterse en un montón de problemas grandes.

Le cortan el pelo a Sansón

Jueces 16:4–21

Sansón tenía una novia. Su nombre era Dalila. Ella le preguntó: «¿Qué te hace ser tan fuerte Sansón?» Al principio él no le dijo. Ella le rogó y le lloriqueó. Finalmente él le dijo: «Si alguien rapara mi cabeza perdería mi fuerza».

Cuando Sansón se durmió, Dalila buscó
a alguien que rapara su cabello. Sansón
nunca más fue fuerte. Ahora
era fácil para sus enemigos
meterlo en la cárcel.

**Pobre Sansón. Él no fue sabio al elegir a Dalila como
su amiga. Nosotros tenemos que ser cuidadosos
acerca del tipo de amigos que elegimos.**

Empujar las columnas

Jueces 16:23–31

El pelo de Sansón creció largo nuevamente en la cárcel. Una noche sus enemigos tenían una fiesta. Ellos trajeron a Sansón y se burlaban de él.

Sansón le pidió a Dios que lo ayudara una vez más. Dios lo hizo. Entonces Sansón empujó las columnas que sostenían el edificio y este cayó completo encima de todo el mundo. Aquellas personas nunca más harían daño a alguien.

**Sansón fue el hombre más fuerte en la Biblia.
¿Quién lo hizo fuerte?**

Rut y Noemí

Rut 1

Rut y Noemí eran viudas. Eso quiere decir que sus esposos habían muerto. Rut había estado casada con el hijo de Noemí. Un día Noemí decidió regresar a la tierra desde donde su familia había venido.

Rut decidió ir con ella. Noemí pensó que Rut podría echar de menos a su familia y amigos. Noemí le dijo a Rut que no viniera con ella. Sin embargo, Rut le dijo: «¡No me pidas que te deje!» Así que fueron juntas.

Rut no sabía a dónde iba, ni la gran sorpresa que le esperaba. Trata de adivinar qué fue.

Rut recoge espigas

Rut 2

Rut y Noemí eran muy pobres. No tenían suficiente para comer. Noemí era demasiado vieja para trabajar, así que Rut salió al campo de un hombre rico a recoger los restos de espigas para comer. El hombre rico la vio. Ella era una mujer joven y hermosa. «Quédate aquí y trabaja en mi campo», le dijo él.

Rut estaba cuidando de Noemí y Dios estaba
cuidando de ambas. Dios aún no había terminado
con su sorpresa. ¿Cuál será?

179

Rut y Booz

Rut 3–4

180

Noemí decidió que Booz sería un buen esposo para Rut. Ella le dijo a Rut lo que debía hacer para saber si Booz quería casarse con ella. Rut hizo exactamente lo que le dijo Noemí. A Booz le gustaba Rut y quería casarse con ella. Así que se casaron y tuvieron un niño. Esto hizo muy feliz a todos.

Las sorpresas de Dios siempre son muy especiales si sólo esperamos por su tiempo para dárnoslas. Cuenta acerca de una sorpresa que hayas tenido.

La oración de Ana

1 Samuel 1:1–18

Un día una mujer llamada Ana fue a la tienda santa de Dios para orar. Ella le pidió a Dios un hijo varón y le prometió a Dios que su hijo trabajaría para Él toda su vida. El sacerdote Elí la vio orando y pensó que algo estaba mal. Ana le dijo que estaba muy triste y le estaba contando a Dios sus problemas. Elí le dijo: «Que el Señor te dé lo que deseas». Ana nunca más estuvo triste.

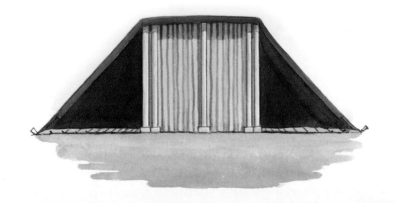

¿Por cuáles motivos oras a Dios?

El hijo de Ana

1 Samuel 1:19–28; 2:19

La oración de Ana recibió respuesta.
Ella tuvo un hijo y lo llamó Samuel; que
significa «Dios escuchó».

Cuando Samuel tenía unos tres años, Ana lo llevó a Elí, el sacerdote de la tienda santa. Ana amaba mucho a Samuel. Cada año le hacía un manto nuevo.

Ana cumplió su promesa a Dios al llevar a Samuel a Elí. Dios tenía grandes planes para Samuel. ¿Cuáles crees tú que eran esos planes?

Samuel escucha

1 Samuel 3:1–14

El trabajo de Samuel era ayudar a Elí en
el servicio del Señor. Una noche Samuel
corrió hacia donde dormía el sacerdote Elí.
Samuel había escuchado a alguien decir su
nombre y pensó que había sido Elí. «Yo no
te llamé», le dijo Elí. «Vuelve a la cama».

Así que Samuel regresó a la cama pero la voz lo llamó dos veces más. Después de la tercera vez, Elí supo que Dios estaba llamando a Samuel. Elí le dijo a Samuel que respondiera: «Habla Señor, te estoy escuchando». Dios dijo a Samuel que Él iba a castigar a los hijos de Elí porque eran malvados.

¿Qué harías tú si Dios te llama
en medio de la noche?

La pérdida de la caja santa

1 Samuel 4

Cuando Samuel era ya adulto, hubo una guerra. El pueblo de Dios decidió llevar la caja santa a la batalla. Al hacer esto ellos no siguieron las reglas de Dios. ¿Adivina qué ocurrió? El enemigo capturó la caja santa de Dios y se la llevaron a donde vivían ellos. El pueblo de Dios estaba triste.

El pueblo de Dios conocía las reglas
pero decidieron no obedecerlas.
¿Qué piensas acerca de obedecer reglas?

189

De regreso a casa

1 Samuel 5–6:13

Tan pronto como el enemigo llegó a donde vivía con la caja santa de Dios, cosas malas comenzaron a sucederle. Ellos quisieron deshacerse de la caja santa, así que la pusieron en una carreta tirada por dos vacas y la enviaron de regreso. Cuando el pueblo de Dios vio la caja santa de Dios de regreso, ¡todos se pusieron muy contentos!

El pueblo de Dios ni siquiera tuvo que pelear para recuperar la caja santa. Dios nos cuidará aun cuando alguien sea malo con nosotros.

Un trueno aterrador

1 Samuel 7:2–11

El enemigo todavía no estaba completamente tranquilo. Ellos vieron que todo el pueblo de Dios estaba reunido y decidieron atacarlo. El pueblo le rogó a Samuel que orara. Samuel lo hizo y Dios envió un trueno tan fuerte que aterró a los soldados enemigos. Entonces el pueblo de Dios los hizo huir.

¡Asombroso! Este debió ser un trueno tremendo.
Dios puede utilizar hasta la naturaleza
para vencer al mal.

193

El rey para Israel

1 Samuel 8–15

Después de un tiempo el pueblo de Dios decidió que quería un rey. A Dios no le pareció una buena idea pero le dijo a Samuel que vertiera aceite sobre la cabeza de un campesino joven y alto llamado Saúl. Esto mostraba que Dios lo había elegido para ser rey.

194

Al principio Saúl permitió que Samuel lo ayudara a tomar decisiones buenas, pero luego Saúl decidió hacer cosas que desagradaban a Dios. Así que Dios decidió poner a otro rey en el lugar de Saúl. A Samuel le entristeció decirle a Saúl que Dios no lo quería más como rey.

Qué mal lo que pasó con Saúl. Veamos a quién Dios elige para que sea el nuevo rey.

El hijo más joven

1 Samuel 16:1–13

Dios envió a Samuel a la casa de un hombre llamado Isaí para elegir un nuevo rey. Cuando Samuel vio a siete de los hijos de Isaí, Dios le dijo: «No mires cuán altos o hermosos son».

«Estos son todos tus hijos?», le preguntó Samuel. Isaí le respondió: «Mi hijo menor está cuidando las ovejas. Se llama David». Dios le dijo a Samuel: «David es a quien he elegido».

A Dios no le interesa si eres alto o bajo, si tienes ojos azules u oscuros. Él sólo quiere que tengas un corazón que lo ame a Él.

David el pastor

1 Samuel 16:11; Salmo 23

David era un pastor. Su trabajo era proteger y cuidar las ovejas. Cuando él estaba con las ovejas, componía canciones y se las cantaba a Dios. Una de esas canciones dice: «El Señor es mi pastor, nada me falta».

Mientras David vigilaba las ovejas, se convirtió en amigo íntimo de Dios.

199

Es bueno cantar canciones a Dios.
¿Cuál es tu canción favorita para cantarle a Él?

David y el gigante

1 Samuel 17:1–24

El Espíritu Santo de Dios vino a estar con David. Y lo hizo fuerte y valiente. Un día Isaí su padre le pidió a David que fuera a chequear a sus hermanos quienes eran soldados. Cuando David llegó al campo de batalla, se dio cuenta de que todos los soldados tenían miedo de un gigante llamado Goliat. A Goliat le gustaba gritar a los soldados y asustarlos. Él quería hacerles daño.

Dios le dio valor a David y así él no le tuvo temor al gigante. ¿Qué harías tú si necesitaras un poco de valor?

Cae el gigante

1 Samuel 17:25–58

David no tenía miedo de Goliat. Él recogió cinco piedras pequeñas y lisas y las puso en su zurrón. Entonces con su honda en una mano, David fue a encontrarse con Goliat.

El gigante se rió cuando vio que David era sólo un niño. Sin embargo, David lanzó una piedra desde su honda. La piedra golpeó a Goliat en la cabeza y lo mató.

David era valiente y confiaba en Dios. Con sólo pedirlo, Dios nos ayudará en los momentos que estemos asustados.

El rey Saúl
persigue a David

1 Samuel 18–23

Al matar al gigante Goliat, David se convirtió en un héroe. El pueblo de Dios lo amaba. El rey Saúl tuvo celos de David y finalmente trató de matarlo. Saúl y sus soldados andaban tras él y lo buscaban por dondequiera.

No obstante, David y los hombres valientes
que estaban con él eran protegidos por
Dios y Saúl no pudo atraparlos.

Veamos cómo David huye de Saúl.
Tal vez te sorprendas.

David y Jonatán

1 Samuel 18:1–4; 20

El rey Saúl tenía un hijo que se llamaba
Jonatán. Jonatán era un príncipe. Él y
David eran muy buenos amigos. Jonatán
hasta le regaló a David su manto.
Jonatán sabía que su padre quería
hacerle daño a David, así que ayudó
a David a escapar y esconderse de
Saúl. Este fue un acto muy valiente de
parte del príncipe Jonatán. Si David se
convertía en el próximo rey, Jonatán
nunca sería el rey de Israel.

**Los buenos amigos se ayudan unos a otros. ¿Tienes
un buen amigo? ¿Qué harías para ayudar a tu amigo?**

El hijo de Jonatán

1 Samuel 31; 2 Samuel 1:1–11; 5:1–4; 9

Un día el rey Saúl y su hijo Jonatán
murieron en una batalla contra el
enemigo. Al escuchar David esto se
entristeció mucho. Poco tiempo después
David se convirtió en rey. David siempre
cuidó de Mefi-boset, el hijo de su mejor
amigo Jonatán. Mefi-boset era lisiado de
sus dos piernas.

David amaba a Dios y quería agradarle.
Sin embargo, una vez David cometió un gran error.
Veamos qué ocurrió.

209

David se porta mal

2 Samuel 11–12:13; Salmo 51

Por lo general David iba a la guerra con sus soldados, pero en una ocasión se quedó en casa y se metió en un gran problema. Él se adueñó de la esposa de otro hombre. El nombre de aquella mujer era Betsabé. Entonces David envió al hombre hacia la batalla para que lo mataran. ¡Eso estuvo muy mal!

Cuando David se dio cuenta de lo malvado que había sido, de veras se arrepintió.
Le pidió a Dios que lo perdonara y Dios lo perdonó.

Dios nos perdonará si de verdad estamos arrepentidos de lo que hemos hecho mal y pedimos su perdón.

Una mujer sabia

2 Samuel 20:1, 14–22

Joab, el general de David, así
como el ejército estaban
tratando de capturar a un
alborotador. Ellos estaban
excavando debajo de la muralla
de una ciudad para hacer que
cayera. Entonces una mujer
sabia dentro de la ciudad
le dijo a Joab: «¿Qué estás
haciendo?»

«Estamos tratando de capturar a un alborotador», le respondió Joab. La mujer sabia les dijo a los líderes de la ciudad que había un alborotador escondido en su ciudad. Así que los líderes capturaron y mataron al malvado hombre. Cuando Joab escuchó esto, tomó su ejército y regresó a casa. La ciudad se salvó.

Nosotros ni siquiera conocemos el nombre de esta mujer, pero la recordamos porque fue valiente.

El hombre más sabio

1 Reyes 3:4–15

David fue rey por cuarenta años. Él tuvo muchos hijos, pero fue su hijo Salomón quien se convirtió en rey cuando David murió. Salomón conocía que los reyes sabios toman buenas decisiones. Él oró y le pidió a Dios que le hiciera sabio para poder entender sus leyes. Dios escuchó su oración y lo hizo el hombre más sabio que alguna vez vivió.

Cualquiera de nosotros puede pedirle a Dios que le haga sabio y Él lo hará. Veamos cómo la sabiduría de Salomón ayudó a dos mujeres.

215

¿De quién es el bebé?

1 Reyes 3:16–28

Dos mujeres trajeron un bebé a Salomón. Cada una decía que el bebé era de ella. Salomón supo sencillamente qué hacer para descubrir quién era la verdadera madre. Él dijo que cortaría al bebé por la mitad y entregaría una parte a cada mujer.

Entonces una mujer señaló a la otra y dijo: «No, no le hagan daño al bebé. Denle el bebé a ella». Así Salomón supo que la mujer que dijo esto era la verdadera madre.

En realidad Salomón no iba a hacerle daño al bebé.
¿Qué estaba tratando de descubrir?

Dos reinos

1 Reyes 12:20; 16:29–33; 17:1

Después que Samuel, David, y Salomón murieron, el pueblo de Dios se dividió en dos reinos: Israel en el norte y Judá en el sur. El rey Acab gobernó Israel. Él hizo muchas cosas que Dios dijo que eran malas. Acab adoró ídolos y su maldad fue mayor que la de cualquiera de los reyes que estuvieron antes de él.

Por esto Dios envió a Elías el profeta a enseñarle una lección a Acab. Elías le dijo a Acab que durante muchos años no llovería. Esto enojó mucho a Acab.

Acab y su esposa Jezabel querían matar a Elías. No obstante, Dios quería que Elías viviera. Veamos cómo Dios protegió a Elías.

219

Elías huye del rey Acab

1 Reyes 17:7–15

Elías tuvo que huir de Acab y acampar cerca de un arroyo. Dios envió pájaros que trajeran comida al profeta.

Cuando el arroyo se secó, Dios mandó
a Elías que fuera y le pidiera comida a
cierta mujer. «Sólo me queda suficiente
para una comida para mí y para mi hijo»,
le dijo ella. Elías le pidió: «Cocina primero
para mí y ustedes estarán bien».
Así lo hizo ella.

**La mujer creyó lo que Elías le dijo y adivinen
qué ocurrió. Después que dio de comer a Elías,
nunca más se le acabó la comida.**

¿Quién es el Dios verdadero?

1 Reyes 18:1, 15-24

Durante tres años no llovió. Finalmente Dios le dijo a Elías que fuera a encontrarse con el rey Acab.

«Aquí estás, el gran alborotador», le dijo el rey. Pero era el rey quien verdaderamente había causado el problema.

«Veamos quién es el dios verdadero», le dijo Elías. Así que los profetas del rey construyeron un altar a su dios y Elías construyó un altar a su Dios. Ambos pusieron sus ofrendas sobre cada uno de los altares. Entonces oraron y esperaron para ver cuál dios respondería sus oraciones al enviar fuego que quemara el sacrificio.

¿Qué crees que Elías esperaba que sucediera?

Fuego del cielo

1 Reyes 18:25–46

Los profetas del rey gritaron a sus
dioses falsos para que enviaran fuego,
pero el fuego no llegó. Elías se burlaba:
«Oren más alto». Así lo hicieron, pero
nada ocurrió. Cuando ellos dejaron
de orar, Elías echó mucha agua sobre
todo el altar que había construido.
Entonces oró al Dios de los cielos para
que enviara fuego.

224

El fuego cayó. Quemó la ofrenda, las piedras y secó el agua. Así el pueblo supo que el Dios de Elías era el más poderoso.

Cuando Elías oró de nuevo, comenzó a llover.
¿Cómo crees que se sintió el rey por esto?

Elías en el desierto

1 Reyes 19:1–8

Aunque la lluvia había llegado, el rey Acab y su malvada mujer Jezabel, todavía querían matar a Elías. El profeta de Dios huyó al desierto para salvar su vida. Estaba tan cansado que se acostó a descansar y se quedó dormido.

De pronto alguien le tocó por el hombro. Un ángel había venido con la cena lista para Elías. Dos veces el ángel le dio de comer. Así Elías se sintió lo bastante fuerte como para hacer un largo viaje.

¿Qué crees que pensó Elías cuando un ángel le trajo comida?

Dios habla a Elías

1 Reyes 19:9–18

El rey malvado todavía perseguía a Elías y esto entristeció a Elías. Él se fue a una cueva para esconderse. Dios le dijo: «Quédate aquí y yo pasaré». Un viento fuerte sopló pero Dios no habló. Un terremoto sacudió el suelo pero Dios no habló.

28

Un fuego ardió pero todavía Dios no habló. Entonces, cuando todo estaba tranquilo, Elías escuchó la voz suave de Dios: «Ve, busca a un hombre llamado Eliseo. Será un ayudante para ti y él será el próximo profeta».

¿Dónde crees que Elías encontró a Eliseo?

El ayudante de Elías

1 Reyes 19:19–21

Elías dejó el desierto
en seguida. Encontró
a Eliseo arando un
campo. Elías puso
su manto sobre
el joven. Esto
significaba que él
quería a Eliseo como
ayudante. Primero
Eliseo y su familia
tuvieron una gran
fiesta. Entonces se
despidió de su padre
y su madre y siguió a
Elías.

Elías hizo exactamente lo que Dios le mandó que hiciera. Ahora él y Eliseo trabajarían juntos para Dios.

Una reina mala

1 Reyes 21–22:39

El rey Acab y su malvada esposa, Jezabel, decidieron que querían la tierra de un vecino. La ley prohibía hablar mal de Dios o del rey. Jezabel buscó a algunas personas para que mintieran y dijeran que Nabot el vecino había dicho cosas malas tanto de Dios como del rey Acab.

Así Jezabel mató a Nabot y el rey Acab se adueñó de la tierra de Nabot. No mucho después, tanto el rey Acab como su esposa, tuvieron una muerte horrible.

Dios vio lo que Acab y Jezabel habían hecho. ¿Cómo tú piensas que se sintió Dios por esto?

El carro de fuego

2 Reyes 2:1–12

Elías estaba envejeciendo. Su ayudante
Eliseo iba con él a todas partes.

Un día Elías y Eliseo estaban juntos,
entonces Dios envió un carro y caballos
hechos de fuego. Los caballos de fuego
se pararon entre Elías y Eliseo. De pronto
Elías subió al cielo en un torbellino.
Eliseo lo vio irse.

Algún día nosotros iremos al cielo. El cielo será un lugar maravilloso. ¿A quiénes crees que veremos allí?

El manto de Elías

2 Reyes 2:13-14

Al torbellino llevarse a Elías al cielo, su manto se le desprendió y cayó al suelo. Eliseo lo recogió.

236

Eliseo fue al río y golpeó el agua con el manto. Él dijo: «¿Dónde está el Dios de Elías?» Eliseo quería ver si el poder de Dios estaba en él como había estado en Elías. Sí estaba. El agua se separó en dos y Eliseo cruzó por tierra seca.

Este fue el primer milagro que Dios hizo por medio de Eliseo. Continúa leyendo para que aprendas más acerca de otros milagros que ocurrieron después.

El milagro de la vasija de aceite

2 Reyes 4:1–7

«Mi esposo quien ya murió debía dinero a un hombre. Ese hombre va a convertir a mis dos hijos en sus esclavos», le dijo una mujer a Eliseo. «Yo sólo tengo está vasija pequeña de aceite».

«Pide vasijas vacías a tus vecinos», le dijo Eliseo. «Ahora vacía el aceite dentro de ellas». Cuando la mujer comenzó a vaciar el aceite de su vasija, continuó saliendo aceite. Ella llenó cada vasija que estaba en la casa. Entonces vendió el aceite, pagó su deuda al hombre y salvo a sus hijos de la esclavitud.

239

¿Cómo una vasija pequeña de aceite pudo llenar tantas vasijas grandes? ¡Esto fue un milagro!

Eliseo ayuda a un niño pequeño

2 Reyes 4:8–37

Otra mujer también le rogó a Eliseo que la ayudara. Su hijo pequeño había muerto. Eliseo fue a su casa.

Eliseo entró a la habitación donde estaba el cuerpo del niño pequeño y oró sobre él. El pequeño estornudó y abrió sus ojos. Él había resucitado y estaba bien.

Este fue otro milagro maravilloso. Sólo Dios puede dar vida a las personas.

Veneno en el guisado

2 Reyes 4:38–41

Eliseo se encontró con unos hombres hambrientos. Él hizo que sus siervos les hicieran un guisado. Uno de los hombres quiso ayudar. Él encontró algunas plantas y las puso en el guisado pero no sabía que eran venenosas.

Cuando los hombres comenzaron a comer, ellos gritaron: «¡Hay muerte en el guisado!» Eliseo le puso harina y la comida se volvió buena para comer.

Por lo general echar harina en un guisado no quita el veneno. Este fue otro milagro de Dios.

Comida para todos

2 Reyes 4:42–44

Por todo Israel la gente se estaba quedando sin alimentos. Estaban hambrientos. Un hombre trajo veinte panes a Eliseo. Eliseo le dijo: «Den comida a la gente». El hombre le respondió: «No podemos alimentar a cien hombres con tan poco pan».

Eliseo le dijo que comenzara a alimentarlos y habría pan de sobra. ¡Sin dudas, eso fue lo que sucedió!

Eliseo no estaba haciendo estos milagros por su propio poder. Dios lo estaba ayudando. ¿Qué milagro piensas que ocurrió después?

Bañarse siete veces en el Río Jordán

2 Reyes 5:1–14

Naamán, un soldado importante, tenía una enfermedad terrible de la piel llamada *lepra*. Las personas que tenían lepra no podían acercarse a otras personas. Ellos tenían que vivir en pueblos para leprosos. La joven sirvienta de la esposa de Naamán le dijo: «Qué bueno si mi amo conociera a Eliseo. Él lo podría sanar».

Así que Naamán fue a ver a Eliseo. «Lávate en el río Jordán siete veces y te sanarás», le dijo Eliseo. A Naamán no le gustó la idea. Lo que Eliseo le mandó a hacer parecía tonto. No obstante, fue al río para lavarse él mismo y a la séptima vez, la lepra desapareció.

Si por una enfermedad terrible te hiciera bien bañarte en el río ¿tú lo harías aunque pareciera tonto?

El hacha que flota

2 Reyes 6:1–7

Algunos hombres estaban construyendo una casa de reunión para Eliseo. Mientras estaban cortando árboles para la casa, un hacha se rompió. La parte de metal cayó en el río y se hundió. El hombre que estaba utilizando el hacha gritó: «¡Era un hacha que yo había pedido prestada!»

Eliseo lanzó un palo al agua y la parte de hierro del hacha flotó.

¡Tremendo! La parte de hierro de un hacha es pesada y no puede flotar, a menos que Dios la haga flotar. ¡Dios puede hacer cualquier cosa!

¡Sin comida!

2 Reyes 6:24–25; 7:1–9

Un ejército rodeo la ciudad de Samaria y nadie podía entrar ni salir. La gente de la ciudad no tenía alimentos. Dios le dijo a Eliseo que les dijera que al siguiente día habría muchísima comida. En aquel momento cuatro hombres decidieron ver si el enemigo les daría a ellos algo de comer. Cuando llegaron al campamento, no había nadie allí.

Los soldados habían huido dejando toda su comida, su oro y sus ropas. Al principio los hombres comenzaron a esconder el tesoro para ellos mismos, pero luego decidieron compartirlo. Ellos lo contaron a la gente de la ciudad y pronto todos tenían suficiente para comer. Fue exactamente como Eliseo dijo que sería.

Aquellos cuatro hombres no fueron egoístas. Podían haber guardado todo lo que encontraron para ellos mismos, pero no lo hicieron. ¿Qué piensas que Dios quería que hicieran ellos?

El niño príncipe

2 Reyes 11:1–12:2

Joás fue un niño príncipe. Su abuela fue malvada. Ella quiso matarlo para poder ser reina. La tía de Joás lo escondió en la casa de Dios hasta que tuvo siete años de edad.

252

Entonces los soldados vinieron a la casa de Dios y se lo llevaron. Ellos lo hicieron rey aun cuando era solamente un niñito. Joás gobernó durante cuarenta años en Jerusalén. Él hizo lo que Dios dijo que era correcto.

Si hoy te hicieran rey, ¿qué harías primero?

El sol retrocede

2 Reyes 20:1-11; Isaías 38

Ezequías fue un rey bueno. Un día se puso muy enfermo. Él sabía que iba a morir. Él oró y le pidió a Dios que lo dejara vivir un poco más. Entonces, para estar seguro de que Dios lo había escuchado, Ezequías le pidió que el sol retrocediera. Pidió que la sombra que estaba en la parte de abajo de los escalones volviera atrás diez pasos y justo como él lo pidió, la sombra volvió atrás diez pasos. Ezequías vivió quince años más.

Que el sol vuelva atrás sería tan asombroso
como caer hacia arriba en lugar de hacia abajo.
¡Esto fue un milagro!

¡Capturados!

2 Reyes 24:18–25:21; 2 Crónicas 36:15–23

Una y otra vez Dios había advertido a su pueblo que no adorara ídolos pero ellos seguían haciendo justamente lo que Dios les había dicho que no hicieran. Así que finalmente Dios permitió a un enemigo capturar a su pueblo y sacarlos de la tierra que Él les había dado. Los llevaron muy lejos a un lugar llamado Babilonia. Este fue un día triste.

Dios quiere que hagamos lo correcto y Él es muy
paciente, pero si seguimos haciendo lo malo
tendremos que sufrir las consecuencias.

La bella reina Ester

Ester 1–3

Años más tarde, el reino de Persia derrotó a Babilonia. El pueblo de Dios todavía estaba viviendo en la tierra de Babilonia. Una joven llamada Ester era una de ellos.

El rey de Persia quería una mujer hermosa para que fuera su reina. Él escogió a Ester. Poco tiempo después uno de los hombres del rey decidió librarse de todo el pueblo de Dios en el reino. Como Ester era una de ellos, esto quería decir que él podría librarse de ella también.

Debió haber sido un momento terrible para Ester.
¿Qué crees tú que hizo ella?

Ester salva a su pueblo

Ester 4–9

Ester sabía que en sus manos estaba salvar a su pueblo. Ella también sabía que si visitaba al rey y él se enojaba, nunca más sería reina. El rey hasta podía mandarla a matar. ¿Qué debía hacer Ester?

Ester de todas maneras decidió visitar al rey. Cuando ella fue, el rey le concedió su deseo de que a su pueblo se le permitiera vivir.

Ester fue muy valiente. Hizo lo que Dios quería que ella hiciera y por ser valiente salvó a su pueblo. ¡Bravo Ester!

Un hombre honesto

Job 1:1–12

Job era un hombre que amaba a Dios. Él
tenía una familia grande y era muy rico.
Todo lo que él hacía le agradaba a Dios.

Entonces Satanás, el enemigo de Dios y de los hombres, fue a ver a Dios y le dijo: «Tú proteges a Job para que nada le salga mal, por eso él te obedece». «Está bien», le respondió Dios. «Puedes hacerle a Job lo que quieras, menos quitarle la vida».

Satanás es muy real. A Satanás no le gusta Dios ni nosotros tampoco. Sin embargo, Job estaba a punto de darse cuenta de que Dios siempre está con nosotros.

Cuando pasan cosas malas

Job 1:13–2:10

A Job comenzaron a sucederle cosas terribles. Sus hijos murieron. Su casa se cayó. Y se llenó de llagas por todo el cuerpo.

Los ladrones robaron su ganado. Sus amigos le dijeron que se apartara de Dios.

Sin embargo, Job nunca dudó que Dios lo amaba. Job fue fiel a Dios aun en los tiempos difíciles.

Cuando suceden cosas malas, eso no quiere decir que Dios se ha olvidado de nosotros. Él nunca está lejos en los tiempos difíciles. Él quiere que continuemos amándole y obedeciéndole.

Un tiempo para todo

Eclesiastés 3:1–8

Hay un tiempo para todo lo que ocurre en nuestra vida. Hay tiempo de alegría y tiempo de tristeza.

Hay tiempos en que lloramos y tiempos en que reímos.

Hay tiempos de abrazar y tiempos de no abrazar.

Hay un tiempo para estar en silencio y un tiempo para hablar.

**Un poquito de todo ocurre en nuestra vida.
Lo importante es estar cerca de Dios
todo el tiempo.**

Un mensaje para el rey Acaz

Isaías 7:1–17; 9:2–7

Dios le dijo al profeta Isaías que llevara un mensaje a un rey llamado Acaz. Este era parte de la familia del rey David. Isaías le dijo al rey que un día Dios enviaría un niño que se convertiría en el líder de todo el pueblo de Dios. Él le dijo que esta persona sería el Príncipe de Paz y gobernaría como Rey para siempre.

269

¿De quién estaba hablando Isaías? Nosotros sabemos hoy que él estaba hablando de Jesús, el Hijo de Dios.

Tres hombres valientes

Daniel 3:1–23

¿Recuerdas que al pueblo de Dios lo capturaron y lo llevaron a Babilonia? El rey de aquel país era Nabucodonosor. Tres hombres jóvenes del pueblo, Sadrac, Mesac y Abed-nego, trabajaban para el rey Nabucodonosor.

Sin embargo, cuando el rey quiso que ellos se inclinaran y adoraran un ídolo de oro, ellos no lo hicieron. Así que el rey ordenó a sus soldados que echaran a los tres hombres a un horno de fuego ardiente.

A Dios le agradó que estos tres hombres jóvenes lo amaran tanto que no adoraron el ídolo del rey. ¿Qué piensas que sucedió?

Un hombre más

Daniel 3:24-30

¿Sabes qué? Los hombres en el horno no se quemaron. Dios envió a alguien para protegerlos en el horno. El rey se sorprendió cuando vio cuatro personas caminando dentro del horno y dijo a Sadrac, a Mesac y a Abed-nego que salieran del horno.

Entonces el rey hizo una ley nueva la cual decía que nadie podría decir algo malo acerca del Dios de estos hombres.

No importa lo que nos suceda, Dios ha prometido que estará con nosotros.

La escritura en la pared

Daniel 5:1-26

Daniel era uno de los del pueblo de
Dios que era esclavo en Babilonia. Una
noche el nuevo rey de Babilonia dio un
banquete. De pronto una mano apareció
y comenzó a escribir en la pared algo
que nadie podía leer. ¡Esto daba miedo!

El rey le pidió a Daniel que viniera y le dijera qué significaba esto. Daniel le dijo que esto quería decir que Dios estaba enojado con el rey y por lo tanto el reino de Babilonia se iba a dividir y se iba a entregar a otros dos países; a los medos y a los persas.

Daniel siempre vivió para Dios sin importarle lo que alguien dijera. Veamos qué le sucedió a él.

Daniel desobedece al rey

Daniel 6:1–10

Daniel oraba tres veces al día. Algunos
hombres en el nuevo reino de los medos
y los persas quisieron librarse de Daniel.
Por esto consiguieron que el nuevo
rey hiciera una ley para que la gente
sólo pudiera orarle al rey. Si alguno
desobedecía la ley, lo lanzarían al foso
de los leones.

A pesar de esto, Daniel fue a su casa, se puso de rodillas y oró a Dios como siempre lo había hecho.

Daniel sabía que orar a Dios era más importante que obedecer la ley nueva del rey.

El foso de los leones hambrientos

Daniel 6:11-28

Los hombres hallaron a Daniel orando a Dios y se lo dijeron al rey. El rey se entristeció porque Daniel le caía bien, pero no podía cambiar la ley. Así que lanzaron a Daniel a un foso de leones hambrientos.

¡Pero espera! Dios envió un ángel para cerrar la boca de los leones, así que los leones no pudieron morderlo.

Por la mañana, el rey vino a ver si Dios había salvado a Daniel, y por supuesto, Daniel estaba completamente bien.

Dios salvo a Daniel. ¿Crees que Daniel siguió orando a Dios tres veces al día después que Él lo salvó de los leones?

Jonás se escapa

Jonás 1:1–3

«Ve a Nínive», le dijo Dios a un hombre llamado Jonás. «Diles que dejen de hacer lo malo». Jonás se levantó pero no se fue a Nínive. A él no le gustaba la gente de aquella ciudad, así que escapó.

Jonás fue a la costa y se subió en un barco que iba en dirección opuesta a Nínive. Dios vio lo que estaba haciendo Jonás.

Dios siempre ve lo que estamos haciendo.
Él quiere que tomemos buenas decisiones.

¡Una gran tormenta!

Jonás 1:4–6

Jonás se fue en el barco. Cuando el barco estaba en alta mar, Dios envió una gran tormenta. Las olas golpeaban el barco. Los marineros estaban muy asustados por la tormenta.

El capitán fue hasta el piso de abajo del barco y encontró a Jonás durmiendo. «Levántate y ora también a tu Dios», le dijo. «¡Quizá tu Dios nos salve!»

El capitán y todos los demás oraban.
Sabían que necesitaban la ayuda de alguien
más grande que ellos mismos.

Jonás lanzado por la borda

Jonás 1:7–16

«Alguien ha hecho algo malo y por eso tenemos esta tormenta. Vamos a averiguar quién es», dijeron los marineros. Ellos decidieron que la tormenta era por culpa de Jonás. «Ustedes tienen razón. Yo escapé de Dios», les dijo Jonás. «Láncenme al mar y entonces se calmará».

Entonces los marineros lanzaron a Jonás por la borda. En cuanto Jonás cayó al agua, el mar se calmó.

Pensarás que esto sería el fin para Jonás, ¡pero no lo fue!

¡Dentro de un pez!

Jonás 1:17–2:9

Jonás se hundía y se hundía dentro del agua en remolino y entonces ¡glup! Algo se tragó a Jonás. Él estaba en el estómago de un gran pez. Dios lo dejó allí para que aprendiera algo muy importante. Demoró tres días y tres noches.

Entonces Jonás oró a Dios pidiendo su ayuda. Jonás decidió hacer lo que Dios le había dicho que hiciera.

A Jonás le llevó tiempo entender
que él necesitaba obedecer a Dios.
¿Cómo iba a salir ahora de aquel pez?

Jonás obedece a Dios

Jonás 2:10–3:10

Dios tenía un plan. Él le habló a aquel pez. El pez nadó hasta la playa y lanzó a Jonás en la tierra firme.

De inmediato Dios le dijo a Jonás: «Levántate y ve a la gran ciudad de Nínive. Diles lo que te he dicho que digas». Esta vez Jonás no discutió. Él obedeció. Se levantó y se fue directo a Nínive.

Cada vez que desobedecemos nos metemos en problemas. ¿Cuál sería la mejor elección?

Nuevo Testamento

El mensaje del ángel

Lucas 1:5–20

Un sacerdote llamado Zacarías fue
a la casa de Dios para quemar una
ofrenda de incienso. En cuanto entró,
el ángel Gabriel se le apareció. Él le
dijo: «Zacarías, tú y Elisabet tu mujer,
tendrán un hijo. Lo llamarán Juan».

Zacarías no creyó que era posible para Elisabet y para él tener un hijo. Ellos eran demasiado ancianos. «Zacarías, ya que no me crees, no podrás hablar hasta que el bebé nazca», le dijo Gabriel.

Juan iba a ser una persona muy importante. Él diría a otros que se prepararan porque Jesús estaba por venir.

293

Un bebé llamado Juan

Lucas 1:57–66

Exactamente como lo dijo el ángel
Gabriel, un bebé les nació a Zacarías y a
su esposa Elisabet.

Sus amigos estaban muy felices. Ellos dijeron: «Llámenlo Zacarías como su padre». Zacarías todavía no podía hablar, así que escribió: «Su nombre es Juan». En cuanto Zacarías escribió el nombre, pudo hablar de nuevo.

La gente no ve ángeles con mucha frecuencia pero cuando lo hacen, necesitan prestar atención. Los ángeles traen mensajes de Dios. ¿De qué otra manera Dios envía mensajes?

La gran sorpresa de María

Lucas 1:26-38

No mucho tiempo después de su visita a Zacarías, el ángel Gabriel fue a ver a una mujer joven llamada María. Ella era prima de Elisabet, la esposa de Zacarías. María vivía en Nazaret y estaba comprometida para casarse con José el carpintero.

«No tengas miedo María», le dijo el ángel. «Dios está complacido contigo. Tú tendrás un bebé y lo llamarás Jesús. Él será llamado el Hijo de Dios». Esto fue una gran sorpresa para María.

¿Qué harías si de pronto un ángel se aparece aquí, frente a ti?

José se casa con María

Mateo 1:18–25

Cuando José escuchó la noticia de que María iba a tener un bebé, él no supo qué pensar. Él todavía no se había casado con ella. Dios amaba a José y quería que él comprendiera que el bebé era de Dios y que todo iba a estar bien.

Por esto, Dios envió un ángel para que le hablara a José en un sueño. Este ángel le dijo a José: «Llama Jesús al niño. Él salvará al pueblo de sus pecados». Cuando José escuchó el plan de Dios, él se casó con María.

El nombre *Jesús* significa «Salvador».
¿Qué hace un salvador?

El Hijo bebé de Dios

Lucas 2:1-7

El gobernador del lugar, Augusto César,
hizo una nueva ley para contar a todas
las personas. Todos tenían que apuntarse
en su ciudad natal. Así que José y
María fueron a su ciudad natal, Belén.
La ciudad estaba llena de personas.
Para María y José no había lugar donde
dormir.

Por fin José encontró un lugar para ellos donde guardaban los animales. Allí nació el Hijo bebé de Dios. Su primera cama fue en la paja, en la caja donde se alimentaban los animales.

¿Por qué crees tú que Dios querría que su hijo naciera donde se guardaban los animales?

Algunos pastores con sueño

Lucas 2:8–12

Aquella noche, afuera en el campo, pastores con sueño estaban cuidando sus ovejas. De pronto apareció un ángel en el cielo. La luz del ángel era tan brillante que les lastimaba sus ojos.

«No tengan miedo», les dijo el ángel. «Yo tengo buenas noticias para ustedes. Esta noche, un bebé nació en la ciudad de Belén. Él es su Salvador. Lo van a encontrar acostado donde se alimenta a los animales».

¿Quiénes fueron los primeros en escuchar acerca del bebé Jesús?

Lo que vieron los pastores

Lucas 2:13-20

Entonces todo el cielo se llenó de tantos ángeles que nadie los podía contar. Ellos cantaron: «¡Gloria a Dios en los cielos!» Cuando terminó la canción, los ángeles desaparecieron.

304

Los pastores corrieron a Belén. Ellos encontraron a María y a José y vieron al bebé Jesús acostado en la paja de la caja donde se alimentan los animales. Los pastores les contaron a José y a María todo lo que los ángeles habían dicho acerca del niño.

Si hubieras estado allí afuera en las montañas con los pastores, ¿qué habrías estado pensando cuando los ángeles se fueron?

Regalos para el bebé Jesús

Mateo 2:1–12

Muchas de las personas que vinieron a Belén para contarles regresaron pronto a casa. María y José se mudaron a una casa.

Un día recibieron visitantes que vinieron desde muy lejos, del oriente. Estos visitantes eran hombres sabios. Ellos habían seguido una estrella brillante para encontrar al pequeño Jesús. Ellos se inclinaron y adoraron al único Hijo de Dios y le dieron costosos regalos de oro, incienso y mirra.

¿Por qué crees que los hombres sabios vinieron a visitar al pequeño Jesús?

Otro viaje

Mateo 2:13–15

Después de que los hombres sabios partieron, Dios envió otro ángel a José en un sueño. El ángel le dijo: «Toma al niño y a María y vayan a Egipto. El rey Herodes quiere matar a Jesús. Quédate en Egipto hasta que te avise que es seguro regresar a casa».

Aún era de noche pero José se levantó de la cama, tomó a María y a Jesús, y se dirigieron a Egipto.

José obedeció a Dios inmediatamente y Dios mantuvo su familia a salvo. ¿Por qué es bueno obedecer rápidamente?

¡Por fin en casa!

Mateo 2:19–23

María, José y Jesús se quedaron en Egipto hasta que Dios envió otro ángel a José en un sueño. El ángel le dijo: «Levántate, toma a María y a Jesús, y regresa a casa». El rey Herodes había muerto. Nunca más podría hacerles daño. Dios y sus ángeles habían mantenido a salvo a José, a María y a Jesús.

Así, con alegría en sus corazones, regresaron a su país para vivir en Nazaret.

¡Uf! Finalmente era seguro regresar a casa.
¿Cómo crees que se sintieron María y José por esto?

¿Dónde está Jesús?

Lucas 2:41–45

Cada año los padres de Jesús iban a
Jerusalén para celebrar la Pascua. Cuando
Jesús tenía doce años ellos fueron,
como de costumbre. Cuando José y María
partieron de regreso a casa no vieron
a Jesús, pero todo estaba bien. Ellos
pensaron que Jesús venía con sus amigos.

Ya tarde en el día se dieron cuenta que Él no estaba con ninguno de sus amigos. María y José se preocuparon y corrieron de regreso a Jerusalén buscándolo por todo el camino. Ellos temían haber perdido a Jesús.

¿En qué lugares María y José debieron haber buscado a Jesús?

Jesús con los maestros del templo

Lucas 2:46–50

María y José encontraron a Jesús en el templo, el lugar donde el pueblo de Dios iba a adorar. El niño de doce años, Jesús, estaba conversando con los maestros como si Él fuera uno de ellos. Él les hacía preguntas y respondía las de ellos.

Su madre tenía una pregunta: «Hijo, ¿por qué te quedaste atrás? Estábamos preocupados por ti». Jesús le respondió: «¡Deberían saber que yo necesito estar donde el trabajo de mi Padre está!»

Para Jesús fue algo extraño decir esto.
¿Qué piensas que Él quiso decir?

El hombre que comió langostas

Mateo 3:1–13; Marcos 1:4–9

Juan, el primo de Jesús, se convirtió en un predicador cuando fue adulto. Él vivía en el desierto, usaba ropas toscas y comía langostas y miel. (Las langostas eran como saltamontes.) Juan les decía a las personas que cambiaran sus corazones y vidas y que pidieran perdón por su maldad porque Jesús pronto vendría.

Un día cuando Jesús era adulto también, Él vino hasta el lugar donde Juan estaba predicando y bautizando personas. Jesús le pidió a Juan que lo bautizara en el río.

¿Crees que cuando Jesús le pidió a Juan
que lo bautizara, Juan lo hizo?

Juan bautiza a Jesús

Mateo 3:13–17

Al principio, Juan no quería bautizar a Jesús. Pensaba que Jesús era quien debía bautizarlo a él. Sin embargo, cuando Jesús le dijo que era necesario de esa manera, Juan obedeció, llevó a Jesús adentro del río y lo bautizó.

Cuando Jesús salió del agua, el Espíritu de Dios bajó del cielo hacia Él como una paloma. Dios habló y dijo: «Este es mi Hijo y yo lo amo. Yo estoy muy complacido con Él».

Jesús dejó un buen ejemplo para nosotros al seguir el mandato de Dios para ser bautizado. ¿Tú has sido bautizado?

Satanás tienta a Jesús

Mateo 4:1-4

De inmediato el Espíritu de Dios llevó a Jesús lejos desde el río hacia el desierto. Jesús quería orar y pensar acerca de lo próximo que Dios quería que Él hiciera. Jesús ayunó, esto quiere decir que no comió, así que estaba muy hambriento. Entonces el diablo, Satanás, se le apareció. Satanás sabía que Jesús estaba cansado y hambriento.

«Convierte estas piedras en pan», le dijo Satanás a Jesús. Jesús sabía que Satanás estaba tratando de que Él hiciera algo malo. Jesús había estudiado la Palabra de Dios y recordaba lo que había aprendido de las Escrituras. Él le dijo: «Una persona no vive solamente por comer pan. Una persona vive por hacer todo lo que el Señor dice».

Satanás no deja de molestar a la gente sólo con un intento. Él no había terminado aún con Jesús. Continúa leyendo para que veas qué pasó después.

En lo alto del templo

Mateo 4:5–7

Satanás llevó a Jesús a Jerusalén y lo
paró en la parte más alta del templo.
El templo era el lugar donde el pueblo
de Dios adoraba. Satanás le dijo: «Si tú
eres el Hijo de Dios, salta hacia abajo
desde este lugar alto. Está escrito en
la Palabra que los ángeles de Dios te
agarrarán». No fue algo inteligente esto
que Satanás sugirió y Jesús lo sabía. Él
le respondió: «También está escrito: "No
tientes a Dios"».

Es tonto probar o tentar a Dios. Tentar a Dios quiere decir hacer cosas muy peligrosas que te pueden hacer daño.

323

Los reinos del mundo

El diablo engañador, Satanás, tenía preparado algo más. Llevó a Jesús a una montaña alta y le mostró todos los reinos del mundo. Entonces Satanás le dijo: «Inclínate y dame alabanza y yo te daré todas estas cosas».

Jesús tenía lista una respuesta: «¡Aléjate de mí! En la Escritura dice: "Debes adorar solamente al Señor Dios"». Entonces Satanás se alejó.

Aunque no podemos ver a Satanás, él trata de que hagamos cosas que son malas. ¿Cuáles son algunas de las cosas que Satanás trata que nosotros hagamos?

Jesús sana a un niño enfermo

Juan 4:46–51

Jesús amaba a los niñitos y siempre que tuvo la oportunidad, Él los ayudó. Un día un hombre importante le rogó a Jesús que viniera a su casa y sanara a su hijo enfermo. Pero Jesús no fue. En lugar de eso Él le dijo: «Vete a casa, tu hijo vivirá».

326

El hombre creyó en Jesús y regresó a su casa, pero antes de llegar allá sus sirvientes lo encontraron y le dijeron: «Tu hijo está bien».

Cuando creemos y confiamos en alguien que va a hacer algo que no podemos ver, eso se llama fe. El hombre de esta historia confió en que Jesús cumpliría su promesa. ¿En quién tú confías?

Jesús resucita a una niña

Marcos 5:22–43

Jesús también ayudó a una pequeña niña. El nombre de su padre era Jairo y él era un hombre importante. «Mi hija pequeña se está muriendo», le dijo Jairo. «Por favor, ven y ora por ella para que se ponga bien y viva». Antes de que Jesús llegara hasta donde ella estaba, la niña murió. Pero de todas maneras Él fue allí. Jesús entro a la habitación de la niña junto con el padre, la madre de ella y tres de sus seguidores. Tomó en sus manos la mano de ella. «Niñita», le dijo Jesús: «¡levántate!» La niña se levantó. Ella estaba bien.

Cuando le pedimos algo a Dios, algunas veces
Él dice sí y algunas veces dice no. Lo más importante
es que siempre nos escucha.

Un niño pequeño ayuda a Jesús

Juan 6:1–13

Una gran multitud de personas siguió a Jesús para ver sus milagros y escucharlo enseñar acerca del amor de Dios hacia ellos. A veces las personas olvidaban llevar comida para ellos. Un día una multitud grande de cinco mil hombres y sus familias siguió a Jesús. Era tarde en el día cuando llegaron hasta Jesús y la gente empezaba a sentir hambre.

El único que tenía algo de comer era un niño pequeño, tenía cinco panes y dos pescados. Jesús bendijo la comida. Sus seguidores más cercanos y ayudantes la entregaron a las personas. Después que todos tuvieron suficiente para comer, los ayudantes reunieron doce canastas de comida sobrante.

¿Qué tienes que pudieras ofrecer a Jesús?
¿Una ofrenda? ¿Parte de tu tiempo
para ayudar a alguien?

331

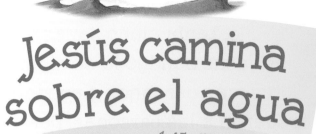

Jesús camina sobre el agua

Marcos 6:45–53

Más tarde, aquel mismo día Jesús les pidió a los seguidores que eran sus ayudantes que fueran a través del lago hacia otra ciudad. Él vendría después de un rato. Los ayudantes subieron a la barca, pero aquella noche en medio del lago, hubo de pronto un viento extraño. Los hombres tuvieron que trabajar muy duro para que no se hundiera la barca.

Entonces vieron algo que los atemorizó más que la tormenta. Pensaron que era un fantasma. No era un fantasma, era Jesús caminando sobre el agua. Jesús les dijo a sus ayudantes: «No tengan miedo». Luego entró en la barca y el viento se calmó.

333

¿Qué habrías hecho tú si hubieras estado en esa barca?

Jesús ama a los niños

Lucas 18:15–17

Muchas personas querían ver a Jesús. Cuando Jesús vio cuán enfermos y tristes estaban, Él quiso ayudarlos. Un día algunas personas trajeron sus niños a Él. Sus ayudantes trataron de apartarlos de allí. Jesús les dijo: «Dejen que los niños vengan a mí. No los detengan. Ustedes, si quieren entrar al cielo, tienen que amar y aceptar a Dios como lo hace un niño».

Si tú fueras uno de los niños que se sentaron junto a Jesús, ¿qué le dirías a Él?

Un hombre muy pequeño

A todo lugar al que Jesús iba, había multitud de personas. En una multitud había un hombre muy pequeño llamado Zaqueo. Él quería ver a Jesús pero no podía mirar por encima de la multitud, así que trepó a un árbol.

Jesús le dijo: «Zaqueo, baja del árbol para que podamos ir a tu casa hoy». Zaqueo se bajó apurado y llevó a Jesús a su casa. Zaqueo quería hacer cosas buenas. Él le dijo a Jesús que daría la mitad de su dinero a los pobres.

¿No sería emocionante que Jesús viniera a visitar tu casa? ¿Qué harías si Jesús viniera a verte?

Una moneda en un pez

Mateo 17:24–27

Pedro, uno de los ayudantes de Jesús, vino a decirle a Jesús que era tiempo de que Él pagara sus impuestos. Pero Jesús y Pedro no tenían dinero. Jesús sabía exactamente qué hacer. Jesús le dijo a Pedro: «Ve al lago y atrapa un pez. Encontrarás una moneda en su boca. Usa esa moneda para pagar nuestros impuestos».

339

¿No te alegras de que Jesús siempre conozca
qué es lo mejor? Cuéntale tus problemas.

Un hombre ciego ve nuevamente

Marcos 10:46–52

Donde quiera, los enfermos seguían a Jesús. Ellos querían que Él los sanara. Un hombre que era ciego escuchó que Jesús andaba por allí. Él gritó: «¡Jesús, por favor, ayúdame!» La gente le dijo al hombre que se calmara, pero Jesús le preguntó: «¿Qué quieres que haga por ti?»

El hombre le respondió: «Quiero ver de nuevo». Así que Jesús sanó los ojos del hombre. ¡Qué feliz estaba el hombre por ver nuevamente!

¿Conoces a alguien que está enfermo? Tú puedes orar ahora mismo y pedirle a Jesús que lo sane.

Una mujer muy pobre

Marcos 12:41–44

Jesús estaba en el templo, donde el pueblo de Dios adoraba, mirando a la gente poner su dinero en la caja de las ofrendas. Algunas personas ricas estaban muy orgullosas porque ponían mucho dinero.

342

Entonces vino una mujer muy pobre. Adentro cayeron sus dos pequeñas monedas. ¡*Clink*! ¡*Clink*! Jesús les dijo a sus seguidores más cercanos: «Esta mujer dio más que la gente rica con muchas monedas. La gente rica dio solamente lo que no necesitaba, pero esta mujer pobre dio todo el dinero que tenía».

¿Por qué crees que la mujer dio todo
el dinero que tenía a Dios?

Jesús detiene una tormenta

Marcos 4:35–41

Jesús y sus seguidores subieron a una barca y partieron a través del lago. Jesús estaba tan cansado que se quedó dormido. Pronto un viento fuerte comenzó a soplar. Las olas daban contra el costado de la barca. Todos estaban muy atemorizados.

Ellos despertaron a Jesús: «¡Ayúdanos o nos hundiremos!» Jesús ordenó al viento y a las olas que se calmaran. El viento paró y no hubo más olas que entraran a la barca. El lago quedó en calma.

Cuando tienes miedo, ¿qué haces? Recuerda que Jesús siempre está contigo. Sólo pídele que te ayude. Él lo hará.

Una oveja perdida

Lucas 15:3-7

Esta es una historia que Jesús contó. A un hombre que tenía cien ovejas se le perdió una. Entonces, ¿qué iba a hacer? Él dejó sus noventa y nueve ovejas a salvo en casa y fue a buscar a la oveja perdida.

Él buscó por todas partes y cuando por fin encontró la oveja perdida, se puso muy contento. Puso la oveja en su espalda y la llevó a casa.

¿Qué tan parecido es Jesús a este pastor que buscaba a su oveja perdida? Recuerda que tú eres tan importante para Jesús como esa oveja perdida lo era para el pastor.

El hijo gasta todo su dinero

Lucas 15:11–13

Jesús contó otra historia. Un hombre tenía dos hijos. El hijo más joven le dijo: «Dame mi parte de la propiedad y el dinero». Entonces el padre dividió la propiedad y el dinero entre su hijo menor y su hijo mayor.

El hijo más joven se fue muy lejos, a otro país. Se divirtió mucho gastando completamente su dinero.

¿Crees que el hijo más joven estaba tomando una decisión buena? ¿Cómo crees que se sintió su padre?

El hombre que comió comida de cerdos

Lucas 15:14–19

Después de que se acabó el dinero del hijo más joven, él empezó a tener hambre. Un hombre le dio un trabajo alimentando cerdos. Mientras ese hijo alimentaba los cerdos, tenía tanta hambre que comió la comida de los cerdos.

Después de un tiempo comenzó a darse cuenta de que había sido muy tonto. Se dijo a sí mismo: «Los sirvientes de mi padre tienen comida de sobra. Voy a regresar a casa. Le diré a mi padre que he hecho lo malo. Le preguntaré si puedo al menos ser un sirviente».

¡Qué lío! ¿Cuáles fueron algunas de las decisiones que el hijo tomó que lo llevaron a un chiquero?

De regreso a casa del padre

Luke 15:20–32

El hijo más joven se fue a casa. Estaba preocupado de que su padre no lo quisiera. Sin embargo, su padre lo había estado esperando todos los días durante mucho tiempo.

Cuando vio a su hijo, el padre corrió a encontrarse con él. Lo abrazó y le dio ropas nuevas. Él hizo una fiesta para darle la bienvenida a casa. Le dijo a todos: «¡Mi hijo se había perdido y es hallado!»

El padre de esta historia es como Dios. Dios nos ve tomar malas elecciones y se entristece, pero siempre está esperando que regresemos a Él.

Los mejores amigos de Jesús

Lucas 10:38–42

Un día Jesús fue a visitar a algunos de sus mejores amigos llamados: María, Marta y Lázaro. Marta estaba ocupada en tener la comida lista. María estaba sentada escuchando lo que Jesús hablaba.

Marta se enojó y se quejó: «Jesús, ¿no te importa que María me deje hacer todo este trabajo sola? Dile que me ayude». Jesús le dijo: «Lo que María está aprendiendo de mí nunca se lo podrán quitar».

¿Por qué Marta estaba enojada?
¿Qué le dijo Jesús a ella?

Jesús resucita a Lázaro

Juan 11:1–44

Un día Lázaro se puso muy enfermo.
María y Marta le enviaron un mensaje
a Jesús pidiéndole que viniera a
sanar a su hermano. Aunque Jesús
amaba a sus tres amigos,
Él esperó dos días para
comenzar el viaje para
ir a verlos. Lázaro
murió antes de que
Jesús llegara.

Marta y María le dijeron: «Si hubieras venido antes, nuestro hermano no habría muerto». Jesús estaba tan triste que lloró. Entonces fue a la tumba de Lázaro. Él dijo: «¡Lázaro, ven fuera!» y Lázaro salió, envuelto en los paños mortuorios. ¡Él estaba vivo y bien!

A veces cuando le pedimos algo a Jesús, tenemos que esperar. En ocasiones durante mucho tiempo.

Un hombre da gracias

Lucas 17:11–19

Diez hombres se encontraron con Jesús mientras Él andaba por un camino. Ellos no se acercaron a Jesús pues tenían una horrible enfermedad de la piel, la lepra. Ellos gritaron: «¡Por favor, ayúdanos!» Jesús les dijo que estaban sanos y los mandó por su camino.

Mientras los hombres iban por su camino, la lepra desapareció. Sólo un hombre regresó. Él se inclinó ante Jesús y le dio las gracias por lo que había hecho.

Debemos recordar darle gracias a Dios por lo que ha hecho por nosotros. ¿Qué ha hecho Dios por ti?

Jesús toma prestado un asno

Lucas 19:28–35

La primera Pascua ocurrió cuando el pueblo de Dios partió de Egipto hace mucho tiempo. Después de eso, el pueblo de Dios celebraba la Pascua cada año. Un año, Jesús y sus seguidores más cercanos fueron a Jerusalén para celebrar la Pascua.

Antes de llegar allá, Jesús les dijo a sus seguidores: «Vayan al pueblo y busquen un asno joven. Desátenlo y tráiganlo para mí. Si alguien pregunta dónde lo tomaron, digan: "El Señor lo necesita"». Cuando los hombres regresaron con el asno, ellos extendieron sus mantos sobre el lomo del potro y Jesús se subió al animalito.

¿Por qué te imaginas que Jesús necesitaba ese asno?

Jesús cabalga como un rey

Lucas 19:36–38; Juan 12:12–16

El asno comenzó su taca, taca, taca, taca por el pueblo. La gente vino corriendo. Ellos lanzaban sus mantos al suelo para que el asno pasara sobre ellos. Tomaban ramas de palmeras y las ondeaban en el aire mientras gritaban: «¡Alaben a Dios!»

Algunos de ellos recordaban las Escrituras que decían: «Tu rey ya viene... sentado en un asno joven».

¿Por qué crees que ellos pusieron sus mantos en el suelo para que el asno caminara encima? ¿Pensaban ellos que Jesús era un rey?

Jesús enseña cómo servir

Juan 13:1–17

Pronto llegó la hora de la cena de la Pascua. Jesús y sus seguidores cercanos se reunieron en una habitación grande. Jesús se puso de pie, se quitó su manto, tomó agua en una vasija y se enrolló una toalla alrededor de su cintura.

364

Entonces comenzó a lavar los pies de
sus seguidores. Jesús hizo esto para
enseñar a sus amigos que ellos debían
servirse unos a otros.

Jesús estaba sirviendo a sus seguidores para dejar
un buen ejemplo. ¿Que podrías hacer tú para servir
a tus hermanos, a tus hermanas y a tus padres?

La primera Cena del Señor

Mateo 26:26–29; 1 Corintios 11:23–25

Mientras Jesús y sus seguidores más cercanos estaban comiendo la cena de la Pascua, Jesús tomó un pedazo de pan y dio gracias a Dios por él. Partió el pan y les dijo: «Tomen este pan y cómanlo. Hagan esto para que me recuerden».

Luego, Él tomó una copa y les dijo: «Cuando beban este jugo de la uva, recuérdenme». Jesús sabía que esta era su última comida con sus seguidores porque estaba a punto de que lo asesinaran. Él quería que sus seguidores siempre lo recordaran.

Hoy día en la iglesia, todavía nosotros comemos el pan y bebemos el jugo de la uva para recordar a Jesús. Llamamos a este tiempo de recordación *Comunión* o la *Cena del Señor*.

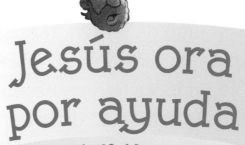

Jesús ora por ayuda

Mateo 26:36–40; Marcos 14:32–42;
Lucas 22:39–46

Jesús y sus seguidores fueron directo de la cena a un huerto tranquilo. Jesús quería orar y pedirle a Dios que lo hiciera más fuerte para lo que estaba a punto de suceder. Llevó con él a tres de sus seguidores más cercanos, a Pedro, Santiago y Juan. Jesús les pidió que estuvieran alertas y oraran.

Él se alejó un poco más en el huerto para poder orar. Era muy tarde y los tres hombres estaban muy cansados. Ellos no pudieron mantener sus ojos abiertos para orar. Pronto se durmieron. Jesús los despertó dos veces pero cada vez volvieron a dormirse.

Cuando tenemos cosas difíciles ante nosotros, necesitamos orar y pedirle a Dios que nos ayude.

Arrestan a Jesús

Mateo 26:45–56; Lucas 22:45–51; Juan 18:10–11

La tercera vez que Jesús despertó a sus seguidores les dijo: «Tenemos que irnos. Aquí viene el hombre que se ha puesto en mi contra». Justo en ese momento, una gran multitud con antorchas y palos llegó al huerto. Judas, uno de los seguidores de Jesús, estaba con ellos. Él besó a Jesús en la mejilla. Esto era una señal para que los guardias arrestaran a Jesús.

Pedro sacó su espada y cortó la oreja de un guardia. Jesús le dijo a Pedro que guardara su espada. Entonces Él sanó la oreja del guardia.

Pensarás que la multitud dejó ir a Jesús después que sanó la oreja del hombre. Pero no lo hicieron. Lo arrestaron y se lo llevaron.

Pilato interroga a Jesús

Lucas 22:52–23:25

Mucha gente amaba a Jesús pero había muchos a quienes Jesús no les gustaba para nada. Después que capturaron a Jesús en el huerto, lo llevaron a la casa del sacerdote principal, luego a Pilato, el gobernador romano de Judea.

Toda la noche los principales le preguntaron a Jesús si Él era el Hijo de Dios. Ellos no creían que Él lo era. Finalmente Pilato dijo que él no pensaba que Jesús era culpable. Pero la gente que odiaba a Jesús seguía gritando hasta que Pilato decidió que Jesús tenía que morir en la cruz.

Jesús dijo a todos que Él era el Hijo de Dios y esto enojó mucho a algunas personas. Sin embargo, aunque no lo creyeron, Él todavía siguió siendo el Hijo de Dios.

Matan a Jesús en una cruz

Mateo 27:27–40; Marcos 15:25–27

Los soldados de Pilato tomaron a Jesús y le pusieron una corona de espinas en su cabeza y se burlaron de Él. Entonces llevaron a Jesús fuera de la ciudad a un lugar llamado Gólgota para matarlo en una cruz.

A las nueve en punto de la mañana, los soldados clavaron a Jesús en la cruz. Ellos también pusieron a dos ladrones al lado de Jesús, uno a la derecha y otro a la izquierda.

El día que el Hijo de Dios murió en la cruz fue un día triste. Pero Dios tenía un plan maravilloso. Continúa leyendo y verás cuál era ese plan.

Un día oscuro

Mateo 27:45–54; Lucas 23:44–49;
Hebreos 9

Mientras Jesús estaba en la cruz, la
tierra se puso oscura desde el mediodía
hasta las tres de la tarde. Entonces
Jesús murió y hubo un gran terremoto.

Cuando la tierra se estremeció, la cortina gruesa en el templo entre el lugar santo y el lugar santísimo se rasgó de arriba a abajo. Ahora la gente podía ver dentro del lugar santísimo. Antes sólo el sacerdote principal lograba ver adentro. Cuando los soldados cerca de la cruz vieron lo que ocurrió cuando Jesús murió, ellos supieron que ¡Él en realidad era el Hijo de Dios!

Jesús murió porque nos amaba. Él murió para que nuestros pecados pudieran ser perdonados. Vamos a decirle ahora mismo que nosotros lo amamos por lo que Él hizo en la cruz.

377

Ponen a Jesús en una tumba

Lucas 23:50–56

Un hombre rico llamado José de Arimatea, tenía una tumba nueva donde había planeado que lo enterraran. Él tomó el cuerpo de Jesús de la cruz y lo puso en su propia tumba vacía.

378

José y los amigos de Jesús envolvieron su cuerpo con cintas de lino y lo colocaron con cuidado en la tumba. Los soldados romanos vinieron a cuidar la tumba. Ellos rodaron una piedra enorme sobre la puerta y la sellaron de manera que se sabría si alguien trataba de mover la piedra.

Todos pensaron que ya que Jesús estaba muerto, ellos no lo verían nunca más. ¡Pero se les acercaba una gran sorpresa!

Una gran sorpresa

Mateo 28:1–10

El día después del entierro de Jesús era
día santo, así que sus amigos debían
estar en casa. Entonces muy temprano
la mañana del domingo, el primer día de
la semana, las mujeres regresaron a la
tumba. Era el tercer día desde la muerte
de Jesús.

Cuando las mujeres llegaron allí, no podían creer lo que veían. ¡La piedra había sido rodada! ¡Y un ángel de Dios estaba sentado sobre la piedra! Los soldados tenían tanto miedo que parecían hombres muertos.

¿Cómo crees tú que se sintieron esas mujeres en la tumba cuando vieron al ángel?

¡Jesús está vivo!

Mateo 28:5-8; Lucas 24:9-12

El ángel les dijo: «No tengan miedo. Jesús está vivo». ¡Aquellas mujeres estaban tan felices! Ellas corrieron para encontrar a otros amigos de Jesús.

Algunos de los amigos de Jesús no creyeron lo que las mujeres decían. Pero todo lo que ellas dijeron era cierto. ¡Jesús estaba vivo! Él se levantó de la muerte.

¿Cuánto tiempo significa para siempre?
Jesús prometió que Él resucitaría y lo hizo.
Jesús está vivo hoy y lo estará para siempre.

Jesús come con dos amigos

Lucas 24:13–32

Dos de los amigos de Jesús andaban por un camino y Jesús se unió a ellos. Estas dos personas no sabían que era Jesús quien estaba caminando con ellos. Sin embargo, les gustó hablar con este hombre.

Ellos lo invitaron a cenar en su casa. Jesús vino y mientras estaba dando gracias a Dios por la comida, los amigos se dieron cuenta de que el hombre era Jesús. Entonces Jesús desapareció.

Después que Jesús resucitó, Él pudo aparecer y desaparecer. ¿Qué harías si de pronto Jesús apareciera aquí?

Jesús aparece en una habitación llena de amigos

Lucas 24:33–49

Una noche Jesús apareció en una habitación donde estaban reunidos muchos de sus amigos. Él les dijo que contaran a sus familiares, amigos, vecinos y hasta a extraños que Él está vivo.

Él les dijo que compartieran todo lo que les había enseñado. Ellos fueron primero a contarlo a la gente de Jerusalén y luego a las personas por todas partes. Jesús les dijo que esperaran en Jerusalén hasta que Dios les enviara del cielo un regalo especial de poder.

¿A quién crees tú que le gustaría escuchar
acerca del amor de Jesús?

Jesús va al cielo

Lucas 24:50–53; Hechos 1:6–11

Jesús llevó a sus seguidores hasta un camino en las afueras del pueblo. Jesús oró por sus seguidores y mientras Él oraba, comenzó a elevarse al cielo. Entonces una nube lo ocultó de sus seguidores.

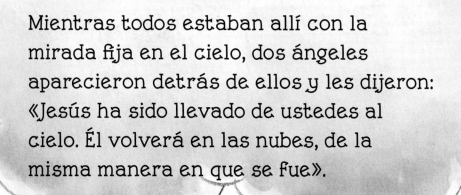

Mientras todos estaban allí con la mirada fija en el cielo, dos ángeles aparecieron detrás de ellos y les dijeron: «Jesús ha sido llevado de ustedes al cielo. Él volverá en las nubes, de la misma manera en que se fue».

¿Recuerdas el regalo que Dios iba a enviar?
Sigue leyendo y mira lo que ocurrió.

El Espíritu de Dios viene a ayudar

Hechos 2:1-4

Después que Jesús regresó al cielo, sus amigos y servidores estaban orando juntos en una habitación grande. De repente, algo asombroso sucedió.

Primero se escuchó como si un viento tremendo estuviera soplando. Luego, llamas como de fuego ardían sobre la cabeza de cada persona. Entonces el Espíritu de Dios vino y todos comenzaron a hablar en lenguajes diferentes. Este era el regalo de Dios que Jesús había prometido a sus seguidores.

Los amigos de Jesús estaban felices. El Espíritu de Dios había venido para vivir con ellos y para ayudarlos.

Todos escuchan y entienden

Hechos 2:5–42

La noche que el Espíritu de Dios vino a los seguidores de Jesús había personas de muchos países en Jerusalén. Estas personas hablaban lenguajes diferentes.

392

Cuando ellos escucharon a los amigos de Jesús orar, ellos fueron a ver qué era todo aquel ruido y se encontraron a los amigos de Jesús hablando acerca de las grandes cosas que Dios había hecho.

Pero todos estaban sorprendidos de escuchar esto en su propio lenguaje. Ellos preguntaron: «¿Qué significa esto?»

El Espíritu Santo de Dios todavía ayuda a quienes siguen hoy a Jesús.

Un mendigo en el templo

Hechos 2:43–3:10

Después de aquel día, cuando por primera vez vino el Espíritu Santo, los seguidores de Jesús comenzaron a hacer muchos milagros, les hablaban a las personas acerca del amor de Dios y cómo Jesús había venido a salvarlos. Una tarde Pedro y Juan fueron al templo. Un hombre que no podía caminar estaba sentado allí suplicando por dinero. Pedro lo miró y le dijo: «Yo no tengo dinero pero sí tengo algo más que te puedo dar: Por el poder de Jesucristo de Nazaret, ¡levántate y anda!» El hombre dio un salto. Ahora sus pies y sus tobillos estaban fuertes.

¿Conoces a alguien que está enfermo?
Ahora es un buen momento para orar
y pedirle a Jesús que lo ayude.

395

Felipe se encuentra con un etíope

Hechos 8:26–31

Felipe era otro de los seguidores de
Jesús. Él estaba ocupado hablando a
las personas acerca de Jesús cuando
un ángel le habló. El ángel
le dijo: «Vete al camino».
Por allí venía un hombre
muy importante de
Etiopía montado en su
carruaje. El hombre
estaba leyendo el
libro de Isaías.

Felipe corrió al lado del carruaje y le dijo: «¿Entiendes lo que estás leyendo?» No, el hombre no entendía. Él detuvo el carruaje e invitó a Felipe a subirse y a explicarle lo que el libro decía.

Dios busca a personas como Felipe, que estén listas para hacer lo que Él les pida.

Felipe bautiza al etíope

Hechos 8:32–40

Felipe explicó el pasaje de las Escrituras que el hombre estaba leyendo. Era todo acerca de Jesús. El hombre preguntó: «¿Por qué no me bautizo?» El hombre etíope creyó en Jesús y quiso que lo bautizaran.

Así que detuvieron el carruaje y Felipe lo bautizó. Entonces Dios necesitó a Felipe en otro lugar y ¡zass! Así de sencillo, Felipe se fue.

Cuando hacemos lo que Dios nos pide que hagamos, no sabemos qué pasará después. Solamente necesitamos estar preparados para cualquier cosa.

Un hombre malvado

Hechos 9:1-4

Había un hombre malvado que perseguía a los seguidores de Jesús. Su nombre era Saulo. Él estaba seguro de que todo lo que había escuchado acerca de Jesús estaba equivocado. Él no creía nada de eso. Él estaba seguro de tener la razón. Así que hacía daño e incluso hasta mataba a quienes creían en Jesús.

Pues bien, Dios quiso que Saulo trabajara para Él. Así que un día cuando Saulo estaba viajando, Dios envió un resplandor brillante de luz. Era tan brillante que Saulo cayó al suelo.

¿Por qué piensas que Dios quería que Saulo trabajara para Él?

Saulo se queda ciego

Hechos 9:4–9

«¡Saulo! ¿Por qué haces cosas contra mí?», le dijo una voz desde la luz. «¿Quién eres tú?», preguntó Saulo. «Yo soy Jesús. Ahora levántate y entra a la ciudad».

Cuando Saulo se levantó, estaba ciego. Sus amigos tuvieron que guiarlo a la ciudad. Saulo no comería ni bebería nada durante tres días.

¿Qué le pasará al pobre y ciego Saulo?
¿Crees que él está listo para escuchar a Dios?

Ananías ayuda a Saulo

Hechos 9:10–18; 13:9

Dios envió a un hombre llamado Ananías a buscar a Saulo y orar por él para que pudiera ver nuevamente. Ananías tenía miedo de Saulo, pero él creía en Jesús y fue de todas maneras.

Ananías oró por Saulo y él volvió a ver. En aquel día Dios cambió el corazón de Saulo para hacerlo amistoso con aquellos que creían en Jesús. También a Saulo lo llamaron Pablo. Pronto Pablo también comenzó a hablar a otros acerca de Jesús.

¿Sabes que Pablo se convirtió en uno de los predicadores más grandes que haya existido?

Pedro en la cárcel

Hechos 12:1-18

Un día el perverso rey Herodes echó a la cárcel a Pedro, uno de los seguidores de Jesús. El rey puso dieciséis soldados para que vigilaran a Pedro para que no pudiera escapar. Esa noche un ángel vino a la celda de Pedro. «¡Rápido! ¡Levántate!», le dijo el ángel. «Sígueme». Pedro pensó que estaba soñando, pero no lo estaba. Las cadenas se cayeron de sus manos y el ángel lo guió por entre los guardias. Cuando llegaron a la puerta de hierro de la prisión, la puerta giró abriéndose sola. Pedro estaba libre.

Dios siempre es más fuerte que cualquier cosa que nos pueda suceder. Tenemos que confiar en que Él siempre va a hacer lo que es mejor para nosotros.

407

Una mujer que vendía tela púrpura

Hechos 16:12-15

Después que Pablo se convirtió en seguidor de Jesús, él iba por todas partes enseñando a la gente acerca de Jesús. Muchas veces no había un edificio donde él pudiera reunirse con sus amigos. Un día él y sus amigos estaban cerca del río buscando un lugar para reunirse cuando vieron un grupo de mujeres.

Una de las mujeres era Lidia. Su trabajo era vender telas púrpuras. Ella amaba a Dios pero no sabía acerca de Jesús. Pabló le contó todo acerca de Jesús y Lidia creyó que Jesús era el Hijo de Dios. Lidia invitó a Pablo y a sus amigos a quedarse en su casa.

Es probable que algunos de tus amigos quieran conocer a Jesús. Ellos están simplemente esperando a alguien que les hable acerca de Él. Tú puedes ser esa persona que les hable.

¡Terremoto!

Hechos 16:16–36

A algunas personas no les gustó lo que Pablo estaba predicando acerca de Jesús. Así que atraparon a Pablo y a su ayudante Silas y los metieron en la cárcel. Los dos hombres recibieron golpes y les amarraron los pies bien fuerte para que no pudieran escapar. Aquella noche en lugar de quejarse o llorar, Pablo y Silas oraron y cantaron canciones a Dios.

410

De pronto hubo un terremoto y las puertas de la cárcel se abrieron. El carcelero pensó que sus prisioneros habían escapado. Sabía que si los prisioneros habían escapado, él estaba en un gran problema. Pablo lo llamó: «¡Todos estamos aquí!» Cuando el carcelero vino a ellos les preguntó: «¿Qué puedo hacer para ser salvo?» Pablo le habló acerca de Jesús.

Si te hubieran golpeado, si te hubieran puesto en la cárcel y tuvieras tus pies inmovilizados, ¿qué estarías haciendo?

Algunas personas se ríen de Pablo

Hechos 17:16-34

Pablo viajó a Atenas, en Grecia, para hablarle de Jesús a la gente. En Atenas Pablo vio un altar con una escritura que decía: «AL DIOS QUE NO SE CONOCE». Pablo comenzó a predicar. Él habló a las personas acerca del Dios que hizo el mundo entero.

Pablo dijo que Dios no vive en templos que construyen los hombres, sino en sus corazones. Él les habló de Jesús quien resucitó después que lo mataron. Algunas de las personas se rieron de Pablo, pero otras creyeron en Jesús.

Dios quiere que contemos a otros las Buenas Noticias de que Jesús está vivo.
Algunas personas creerán y algunas se reirán.
Nosotros debemos orar por todas ellas.

413

¡Náufrago!

Pablo subió a un barco grande. Él estaba yendo hacia una ciudad llamada Roma. El barco iba muy lento porque vientos fuertes soplaban contra él. Finalmente el barco llegó a un puerto seguro y Pablo le dijo al capitán que él pensaba que no era una buena idea dejar el puerto en poco tiempo. Sin embargo, el capitán no estuvo de acuerdo y de todas maneras salieron a navegar.

414

Pronto un viento apareció y sopló fuerte contra el barco. Los marineros no podían guiar el barco. Pablo sabía que estaban en problemas, se iban a hundir. Él les dijo a los marineros que comieran para estar fuertes para el problema que tenían ante ellos. Poco tiempo después el barco chocó contra un banco de arena y comenzó a romperse en pedazos. Todos tuvieron que saltar al mar y nadar hacia la playa. Todos llegaron sanos y salvos a la orilla.

¡Qué miedo! ¡Un naufragio! ¿Dónde tocaron tierra? ¿Qué ocurrió después?

Una víbora venenosa

Hechos 28:1-6

Toda la gente del naufragio estaba ahora en la isla de Malta cerca de Grecia. Las personas que vivían en la isla eran muy amables. Ellos encendieron un fuego e invitaron a los pasajeros a calentarse.

Pablo ayudó a recoger madera para el fuego y haciendo esto, una víbora venenosa lo mordió en la mano. Pablo se sacudió la víbora en el fuego. Él no estaba ni lastimado. La gente de la isla esperaba que él cayera muerto por el veneno, pero Pablo estaba sencillamente bien.

¿Por qué tú crees que Pablo no murió cuando la víbora venenosa lo mordió?

Cielo y tierra nueva

Apocalipsis 21

Una de las promesas más grandes que alguna vez Dios hizo fue que nosotros viviríamos con Él en el cielo para siempre. Él dijo que habría un cielo nuevo y una tierra nueva y que recibiríamos un cuerpo nuevo, un cuerpo que no envejecerá sino vivirá para siempre.

En el cielo nuevo, nadie estará triste nuevamente. Nadie morirá. Las calles serán hechas de oro y habrá puertas de perlas. Todo será más hermoso que cualquier cosa que te puedas imaginar. Lo mejor de todo, Jesús estará allí. Nosotros estaremos con Él para siempre.

¿Qué es lo más hermoso que has visto alguna vez?
El cielo será miles de veces más hermoso.

Queridos padres:

El tiempo de calidad con su familia es fácil y divertido con este libro de cincuenta y dos temas inspirados en la Biblia. Con estos crearán momentos memorables mientras ayudan a sus niños a desarrollar habilidades vitales al descubrir cómo los sucesos bíblicos se relacionan con sus vidas hoy.

He incluido en cada devoción una variedad de introducciones al tema de acuerdo con la edad (que comprenden desde canciones y poemas hasta recetas de cocina e historias), un versículo bíblico (lo bastante corto para que un niño pueda memorizarlo), una historia bíblica, una sección de preguntas: «Hablemos de»; una actividad: «Comparte el amor de Dios» y una oración.

Mi oración es que ustedes y sus familias comiencen a pasar momentos juntos de manera sistemática y que eso produzca gozo en sus vidas aun después de terminar este libro.

Bendiciones,
Gwen Ellis

Consejos para utilizar este devocional

- Escoja un tema para leer y a debatir con sus niños o con su clase cada semana. Mientras más divertidos y animados sean sus debates, mayor respuesta y atención obtendrá de ellos, que esperarán ansiosos el próximo encuentro.

- Lea estos pequeños relatos, poemas, canciones e historias bíblicas de forma amena. Luego motive a sus niños a dramatizar las escenas usando voces diferentes para cada personaje.

- Involucre a los niños mayores en la lectura.

- Anime a los niños a hablar sobre el tema cuando coman, paseen o en otras actividades durante la semana.

- Ponga a pensar a cada niño en las maneras en que el tema se relaciona con su vida y motívelos a aplicar la enseñanza.

- Realice las actividades (que pueden incluir cocinar, hacer juegos, manualidades o debates sobre el tema) en algún momento de la semana.

421

Dios lo hizo todo

Cristo mismo es el creador de cuanto existe en los cielos
y en la tierra, de lo visible y de lo invisible. —Colosenses 1:16

¿Sabías que Dios creó todo lo que existe? Sí, Él hizo todas las cosas
maravillosas y hermosas que vemos: las aves, los peces, los elefantes, los
cachorros, los gatitos y las flores, a ti y a mí. Todo. Dios lo hizo todo. ¡Qué
grandioso y maravilloso es Dios! Celebremos
juntos todo lo que Dios ha hecho diciendo
o cantando el poema que tenemos a
continuación.

TODAS LAS COSAS
BRILLANTES Y BELLAS

Todas las cosas brillantes y bellas,
Todas las criaturas grandes y pequeñas,
Todas las cosas ilustres y maravillosas,
El Señor las hizo.
—Cecil Alexander (adaptado)

423

Historia bíblica

Génesis 1—2

 En el principio Dios creó los cielos y la tierra . . . Entonces Dios dijo: «Que aparezca la luz. Que haya vegetación sobre la tierra. Que haya seres vivientes en los mares. Que haya aves en el cielo. Que haya animales en la tierra». Y cada vez que Dios dijo: «Que haya . . . », así fue.

Luego Dios hizo al hombre. Primero, hizo a Adán. Después, hizo a Eva para que Adán no estuviera solo. Dios los creó a su imagen. Y Dios dijo que todo era «¡Bueno!»

Vamos a leer y a compartir

¡Hablemos de . . . !
* ¿Qué otras cosas creó Dios?
* ¿A quiénes creó Dios a su imagen?
* ¿Qué dijo Dios acerca de todo lo que había creado?

Comparte el amor de Dios
Una forma divertida de celebrar todas las cosas hermosas y maravillosas que Dios creó consiste en hacer un collage de imágenes de la creación. Pídele a un adulto que te ayude a realizar esta actividad. Busca algunas revistas que ya todos en casa hayan leído, una hoja grande de papel y un lápiz, lapicero o crayón. Escribe en la parte superior del papel: Dios lo hizo todo. Luego rasga o recorta algunas imágenes de cosas que Dios ha creado. Pega tantas imágenes como sea posible en el papel. Cuando lo hayas terminado cuélgalo en tu cuarto y dale gracias a Dios cada día por todas las cosas que Él ha creado. Cuando tus amigos vean el collage, cuéntales cómo creó Dios al mundo y de esa forma estarás compartiendo el amor de Dios.

Oración
Amado Señor: Gracias por hacer nuestro hermoso mundo y todos los animales, pajaritos y pececitos. Gracias por hacer a todas las personas que quiero y por hacerme a mí también. Amén.

Noé, un hombre paciente

Con la integridad de nuestras vidas, con nuestro entendimiento del evangelio y con nuestra paciencia y bondad hemos hecho nuestro servicio. —2 CORINTIOS 6:6

La persona paciente espera con calma y sin quejarse. ¿Cuán paciente eres? ¿Se te hace difícil esperar tu turno para jugar o para comer galletitas horneadas? ¿Y cuán difícil resulta esperar por tu cumpleaños o para abrir los regalos de Navidad?

Esta es una manera divertida de descubrir cuán paciente eres en realidad (para hacer esta actividad aun más divertida, involucra a otros miembros de tu familia). Siéntate y permanece totalmente quieto, sin mover un músculo, excepto para respirar durante un minuto. ¿Te pareció un tiempo interminable? Toma un minuto de nuevo. Esta vez pídele a alguien que te cuente una historia. Ahora que estabas ocupado, ¿pasó el tiempo más rápido? Mantenernos ocupados en algo útil mientras esperamos pacientemente es una buena opción.

En la historia bíblica de hoy verás cómo Noé esperó pacientemente en el barco con todos aquellos animales que olían mal.

427

Historia bíblica

Génesis 7:12; 8:1–19

Probablemente conoces la historia de Noé y cómo Dios los salvó, a él y a su familia, de un gran diluvio. Noé obedeció a Dios y construyó un barco grande, conocido como el arca de Noé, y lo llenó de animales tal como Dios le ordenó. Pero, ¿sabías que todos ellos estuvieron dentro de ese barco por más de un año? ¡Eso es mucho tiempo para permanecer en un zoológico flotante! Noé, su familia y cada uno de los animalitos practicaron la paciencia mientras esperaban el día en que finalmente pudieran salir del arca.

Un día Noé abrió la ventana del arca que había hecho. Y soltó una paloma para ver si encontraba tierra seca. Esa sería la señal de que todos podían salir del barco. La paloma regresó porque no halló tierra seca donde posar. Entonces Noé esperó siete días más y volvió a soltar la paloma. Esta vez el ave regresó con una hoja de olivo en el pico. Noé esperó siete días más y volvió a soltarla, pero la paloma ya no volvió. Noé entendió que la paloma había encontrado un lugar seguro para vivir puesto que la tierra se estaba secando. Pronto Noé y su familia podrían salir del arca. Por fin, su espera terminaría.

Vamos a leer y a compartir

¡Hablemos de . . . !

★ ¿Cuánto tiempo estuvieron Noé, su familia y los animales en el arca?

★ ¿Qué tuvieron que practicar todos ellos en el arca?

★ ¿Cuántas veces envió Noé a la paloma a ver si encontraba tierra?

Comparte el amor de Dios

¡Vaya! Solo imagina cómo sería no poder salir en todo un año. Ser paciente no es fácil, pero es algo que Dios desea que tú y yo seamos. Hay muchas formas de mantenerse ocupado mientras eres paciente.

✤ Cuando viajas en auto, prueba imitando a los diferentes animales, durmiendo o contando tantos autos de tu color preferido como te sea posible.

✤ En casa podrías leer un libro o jugar.

¿Cuáles son otras de las cosas que puedes hacer mientras esperas pacientemente?

Oración

Amado Señor: Ayúdame, por favor, a ser paciente en todo lo que hago.
Y gracias por ser paciente conmigo. Amén.

Sé alegre y amable

No se olviden de hacer el bien y de compartir con otros lo que tienen, porque esos son los sacrificios que agradan a Dios. —Hebreos 13:16

¿Eres siempre alegre y amable? ¿Ayudas a los demás o protestas cuando alguien te pide ayuda? La foto que ves en esta página muestra a Ana y a Carlos recogiendo las hojas del patio de un vecino. ¿Cuáles son algunas de las cosas que puedes hacer para ser útil y amable con los demás?

Leamos juntos la historia bíblica de hoy, que nos cuenta sobre la amabilidad de una joven llamada Rebeca. Y veamos el siguiente acróstico:

A de ama. **Ama** a Dios de todo corazón.
M de mejor. **Mejor** es dar que recibir.
A de alegría. **Alegría** da servir a Dios.
B de bueno. **Bueno** es alabar al Señor.
L de loa. **Loa** y agrada a Dios.
E de está. **Está** listo para compartir.

Historia bíblica

Génesis 24:15–20

El sirviente de Abraham venía de un largo viaje. Tenía mucha sed y sus diez camellos también. Finalmente vio un pozo de agua y, cerca de él, a una joven llamada Rebeca. Entonces se acercó a ella y le preguntó: «¿Me darías un poco de agua, por favor?»

«Sí», dijo ella alegremente y le dio a beber un poco de agua. «Le daré agua a tus camellos también», dijo Rebeca.

Rebeca echaba agua y más agua, pero los camellos seguían sedientos. Sin embargo, Rebeca no se enojó, ni se quejó. Con alegría en su corazón siguió sacando agua del pozo hasta que los camellos se saciaron.

433

Vamos a leer y a compartir

¡Hablemos de . . . !

★ ¿Qué le preguntó el sirviente de Abraham a Rebeca?
★ ¿Qué respondió Rebeca?
★ ¿Qué más hizo Rebeca?

Comparte el amor de Dios

¡Eran muchos camellos para darles agua! ¿Sabías que cuando ayudas a otros con alegría, como Rebeca, estás compartiendo el amor de Dios? Guardar tus juguetes o cualquier otra cosa sin que te manden es una forma de ser útil a los demás.

Veamos cuántos juguetes puedes guardar en cinco minutos.

¡Preparados, listos, ya!

Oración

Querido Dios: Ayúdame a ser un colaborador alegre y a ser amable con los demás. Amén.

El hermano enojado

Si se enojan, no cometan el pecado de dejar que el enojo
les dure todo el día. —EFESIOS 4:26

¿Alguna vez te enojaste con tu hermano, tu hermana o con un amigo? Esaú se enojó con su hermano Jacob. La pelea comenzó cuando Esaú se dio cuenta de que había cambiado su parte de la herencia (su primogenitura) por un tazón de caldo. Vamos a aprovechar este tiempo para hacer un caldo como el de Jacob. Pídele al que cocina en tu casa que te ayude a prepararlo.

EL CALDO DE JACOB

1 taza de lentejas secas
1 cebolla cortada en pequeños trozos
3 tallos de apio, cortados en cubitos (opcional)
3 zanahorias, ralladas
1 pizca de canela

1/4 cucharadita de jengibre
1/2 cucharadita de clavo
1 cucharadita de comino (opcional)
6 tazas de agua o caldo (de pollo,
carne o vegetales)

Escoge las lentejas y asegúrate de no dejar piedras ni basura. Lávalas y ponlas en una olla. Luego agrega los demás ingredientes. Cuando comience a hervir, reduce el fuego. Deja que hierva a fuego lento por una hora y media. Puedes servirla con pan árabe.

Consejo: Puedes también pedirle a un adulto que compre una sopa de lentejas enlatada y te ayude a prepararla.

Génesis 25:27-34; 27:1-37, 43-44

Esaú y Jacob eran hermanos. Esaú era el mayor, eso significaba que cuando los bienes de su padre fueran divididos recibiría la mayor parte. Eso se llamaba «primogenitura».

Un día Jacob preparó una sopa mientras su hermano Esaú estaba de cacería. Cuando Esaú regresó a casa, tenía mucha, mucha hambre. «Dame un poco de ese caldo», dijo Esaú.

Y Jacob le respondió: «Te lo cambio por tu primogenitura».

Como un tonto, Esaú aceptó el trato. Su padre le dio a Jacob la primogenitura de Esaú.

Luego Esaú pensó: *Ese trato fue un gran error. Mi primogenitura valía más que un tazón de caldo.* Entonces se puso muy furioso, tanto que Jacob tuvo miedo de él y huyó muy lejos, hasta la casa de su tío, y demoró mucho tiempo en volver.

¡Hablemos de . . . !
★ ¿Qué cocinó Jacob?
★ ¿Por qué Esaú se enojó con Jacob?

Comparte el amor de Dios

Enojarse no es malo, pero no dejes que tu enojo te lleve a hacer algo que sabes que es malo. Los animales se enojan de una manera diferente a las personas, especialmente las personas que aman a Jesucristo. Intenta mostrar esta diferencia a través de este juego de apariencia.

✤ Haz como un oso grande y enojado
✤ Haz como un tigre furioso
✤ Haz como un mono enojado
✤ Ahora actúa como una persona que ama a Jesús aun cuando está enojada, siendo amable y reflexiva.

Oración

Amado Señor: Ayúdame a recordar, cuando estoy enojado, que debo calmarme y pensar bien lo que hago y digo. Amén.

Un corazón alegre

El corazón alegre es una buena medicina. —PROVERBIOS 17:22

¿Alguna vez te sentiste triste y te quejaste porque las cosas no salieron como esperabas? ¿Te ayudó en algo? Probablemente no. Dios sabe que las cosas no siempre saldrán como las deseamos, pero Él quiere que estemos contentos con todo lo que hizo por nosotros al mandar a Jesús como nuestro Salvador. Jesús vive en nuestros corazones y nos da gozo. La próxima vez que sientas deseos de quejarte por algo, entona una canción alegre. Puedes incluso componer una.

439

Éxodo 4:29—5:9; 14:29—15:16

Cuando los israelitas escucharon que Dios había mandado a Moisés para que los liberara del rey de Egipto, se alegraron y le dieron gracias a Dios por acordarse de ellos. ¡Pero las cosas no salieron como esperaban!

El rey no les dio la libertad, sino que los obligó a trabajar más duro.

Ahora los israelitas también tenían que buscar la paja para hacer los ladrillos.

De seguro, eso hizo que los israelitas se sintieran molestos y descontentos con Dios y con Moisés. No entendían que todo formaba parte del plan de Dios. Después, cuando Dios los ayudó a cruzar el Mar Rojo para liberarlos de los egipcios, se pusieron tan contentos que entonaron una canción para alabar a Dios.

Vamos a leer y a compartir

¡Hablemos de . . . !

* ¿Por qué se enojaron los israelitas?
* ¿Qué no entendían ellos?
* ¿Qué hicieron los israelitas al sentirse alegres?

Comparte el amor de Dios

Si somos gruñones, como los israelitas, cuando las cosas van mal en nuestra vida, perdemos el gozo de nuestros corazones. Esta es una manera divertida de descubrir cuán alegre está tu corazón.

> Busca un vaso y un puñado de frijoles. Cada vez que te quejes, echa un frijol en el vaso. Al terminar la semana cuenta los frijoles y analiza cómo te ha ido. Un frijol significa que estuviste bien. Pero si tienes muchos frijoles dentro del vaso, has perdido mucho del gozo de tu corazón y necesitas esforzarte por sonreír más y quejarte menos.

Oración

Amado Señor: No quiero ser un gruñón. Ayúdame a estar alegre y a tener un corazón lleno de gozo. Amén.

Para Dios todo es posible

Para Dios no hay nada imposible. —Lucas 1:37

Dios cuida de ti dondequiera que vayas; ya sea a la escuela, a acampar, a la playa, a casa de tus amigos y aun en tu propia casa. Él cuida a su pueblo todo el tiempo y en todo lugar. Para Dios todo es posible. Él hizo un milagro para cuidar a su pueblo Israel cuando salieron de Egipto. Lee la historia bíblica de hoy para que veas qué maravilloso fue lo que Dios hizo por ellos. Moisés se puso tan contento que alabó a Dios con la siguiente canción. Vamos a cantarla todos juntos.

LA CANCIÓN DE MOISÉS

«¿Quién es como tú, Señor, entre los dioses?
¿Quién es glorioso y santo como tú?
¿Quién es tan poderoso como tú?
¿Quién hace tantas maravillas y prodigios?»
—Éxodo 15:11

Éxodo 14:5–31

Moisés condujo al pueblo de Dios fuera de Egipto y hasta la misma orilla de un gran mar. Pero no había forma de llegar hasta la otra orilla. Por si fuera poco, el rey de Egipto se había arrepentido de liberar al pueblo y había enviado a su ejército para capturarlos. Los israelitas pensaron que estaban atrapados. Pero Dios estaba con ellos y movió una gran nube detrás de ellos para ocultarlos de los egipcios. Dios también le dijo a Moisés que levantara su mano sobre el mar.

Entonces Dios envió un viento sobre el mar que lo partió en dos y dejó un camino en medio. ¿Y sabes qué? El camino estaba seco. Los israelitas ni siquiera se enlodaron sus sandalias mientras caminaban seguros hasta la otra orilla. ¡Solo Dios puede hacer un milagro como ese!

¿Y sabías que cuando el ejército egipcio trató de utilizar el mismo camino el agua se volvió a unir? Ese fue el final del ejército del rey.

Vamos a leer y a compartir

¡Hablemos de . . . !

★ ¿Hacia dónde guió Moisés al pueblo de Dios?
★ ¿Quiénes seguían al pueblo de Dios?
★ ¿Qué hizo Dios?

Comparte el amor de Dios

Dios cuida de todo y de todas las personas. Dios puede hacer cualquier cosa, incluso dividir el Mar Rojo. Descubre cuán asombroso fue este milagro haciendo un pequeño mar.

> ### UN PEQUEÑO MAR
>
> Comienza echando arena o tierra en un pequeño tazón hasta la mitad. Ve al lugar donde se lavan los platos y cubre la arena con agua hasta una pulgada. Trata de separar la arena en dos partes con tus manos. No pudiste hacerlo, ¿verdad? Ahora saca el agua de la palangana y palpa la arena. ¿Cuánto crees que va a demorar en secarse?

Oración

*Amado Señor: Tú ayudaste a tu pueblo a cruzar el Mar Rojo.
Y sé que puedes cuidar de mí también. Gracias por amarme. Amén.*

446

Dios nos cuida

Por eso, mi Dios les dará todo lo que necesiten, conforme a las gloriosas riquezas que tiene en Cristo Jesús. —FILIPENSES 4:19

¿Alguna vez tus padres o tu maestro te pidieron que limpiaras un líquido que se había derramado, pero no te dieron una toalla para hacerlo? Probablemente no. Cuando Dios nos pide que hagamos algo, nos da lo que necesitamos para hacerlo. Cuando Moisés sacó al pueblo de Dios de Egipto y lo condujo por el desierto, no había ni agua ni comida. Pero Dios les mandó una comida milagrosa llamada «maná».

UNA COMIDA ASOMBROSA

Nadie sabe realmente qué era el maná, pero la Biblia nos dice esto: El maná caía sobre la tierra durante la noche y era semejante a la escarcha.

Su apariencia era como la de unas pequeñas semillas blancas y su sabor era semejante al de galletas crujientes hechas con miel.

447

Éxodo 15:22—17:7

Después que el pueblo de Dios salió de Egipto comenzó a quejarse. «En Egipto teníamos toda la comida que queríamos», decían. «Y ahora nos moriremos de hambre en el desierto». Dios los escuchó y le dijo a Moisés que Él se aseguraría de que ellos tuvieran bastante comida. En la noche, Dios les daría carne. En la mañana, les daría todo el pan que desearan. Y así lo hizo.

El pan era diferente a cualquier otro que habían visto antes. Caía sobre la tierra en forma de copos finos semejantes a la escarcha y el pueblo debía recogerlo cada mañana. Como los israelitas no sabían qué era lo llamaron «maná», que significa: «¿Qué es esto?» Ahora tenían alimento para comer mientras vivían en el desierto.

Vamos a leer y a compartir

¡Hablemos de . . . !

* ¿Qué quería el pueblo?
* ¿Qué hizo el pueblo?
* ¿Qué envió Dios para alimentarlos?

Comparte el amor de Dios

No sabemos qué era el maná, pero sabemos que era dulce y blanco. A continuación tenemos la receta de unas galletas cuyo sabor puede ser parecido al del maná. Pídele a un adulto que te ayude a preparar las galletas. Luego compártelas con otros mientras les cuentas la historia del milagro que Dios hizo llamado maná.

GALLETAS CON SABOR A MANÁ

1/2 taza de mantequilla	2 cucharaditas de miel
1 taza de azúcar	1/2 cucharadita de vainilla
2 huevos	2 tazas de harina

Primero bate la mantequilla y el azúcar. Luego añade los dos huevos y mézclalo todo bien. Añade la miel y la vainilla. Por último agrega la harina lentamente. Echa una cucharadita de la masa para cada galletita en una bandeja de hornear. Hornéalas a 400 grados durante 8 minutos o hasta que estén listas para comer. Haz tres docenas de galletitas.

Oración

Amado Señor: Confío en que cuidarás de mí.
Gracias por todo lo que has hecho por mí. Amén.

450

El libro de Dios

Tu palabra es una lámpara a mis pies, y una luz en mi sendero.
—Salmo 119:105

¿Sabías que la Biblia es el libro más importante del mundo? La Biblia es la Palabra de Dios. Ella nos enseña todo lo que necesitamos saber acerca de Dios y de su Hijo Jesús. También nos dice cómo vivir alegres. La Biblia se divide en Antiguo y Nuevo Testamento. Está compuesta por 66 libros, el Antiguo Testamento tiene 39 y el Nuevo 27. Si conoces algún canto que mencione los libros de la Biblia puedes cantarlo ahora.

Dios usó a hombres como Moisés para que escribieran la Biblia. De hecho, Moisés escribió los cinco primeros libros de la Biblia (Génesis, Éxodo, Levítico, Números y Deuteronomio). Para saber más acerca de lo que Dios le dio a Moisés, leamos juntos la historia bíblica.

451

Éxodo 20:2–17; 24:12–18; 31:18

Un día Dios llamó a Moisés para que subiera a la cima de una montaña para conversar con él. Allí Dios le dio los Diez Mandamientos; diez reglas para que su pueblo conociera cómo quería que vivieran. Dios escribió los mandatos en piedra con su dedo.

LOS DIEZ MANDAMIENTOS

1. El Señor es el único Dios verdadero. Ámalo y adóralo sólo a Él.
2. No sirvas ni adores a ningún otro dios o ídolo.
3. No uses el nombre de Dios sin el respeto que merece.
4. Guarda el sábado como día santo.
5. Honra a tu padre y a tu madre.
6. No mates.
7. Los esposos deben ser fieles el uno al otro.
8. No robes.
9. No mientas.
10. No envidies las cosas de los demás.

Vamos a leer y a compartir

¡Hablemos de . . . !

★ ¿Qué usó Dios para escribir los Diez Mandamientos en piedra?

★ ¿Por qué Dios le dio reglas a su pueblo?

★ ¿Quién escribió los cinco primeros libros de la Biblia?

Comparte el amor de Dios

No es maravilloso saber que Dios nos amó tanto que nos dio la Biblia para ayudarnos a tener vidas felices. Una forma de compartir el amor de Dios es explicándole a otra persona por qué la Biblia es el libro más importante del mundo.

Diviértete diciendo los primeros
cinco libros de la Biblia.

¡Preparados, listos, ya!

Génesis   Éxodo   Levítico   Números   Deuteronomio

Oración

Querido Dios: Gracias por la Biblia y ayúdame a vivir obedeciendo tus reglas siempre. Amén.

Intenta algo nuevo

«Porque el Señor tu Dios estará contigo
dondequiera que vayas». —Josué 1:9

¿Alguna vez te sorprendiste al hacer algo que creías no serías capaz de lograr nunca? Quizás al principio sentiste un poco de miedo, como cuando intentaste montar una bicicleta por primera vez. Tal vez te sentiste como la pequeña locomotora a la que le pidieron que hiciera algo grande. ¿Conoces esa historia?

Una mañana, una fila larga de coches de carga le pidió a una locomotora grande que los llevara a lo alto de una montaña. La locomotora no pensó que podía hacerlo y ni siquiera lo intentó. Entonces le pidieron a una locomotora pequeña si lo podía intentar. Aunque pequeña, era valiente y respondió: «Creo que puedo hacerlo». Y comenzó a jalarlos montaña arriba. «Creo que puedo, creo que puedo», repetía sin aliento. Y seguía intentándolo, poco a poco. ¿Podría llegar a la cima? Al fin llegó a la cumbre y cantó de alegría: «Sabía que podía, sabía que podía».

La próxima vez que tengas miedo de intentar hacer algo que necesitas, confía en que Dios te va a ayudar y que te dará el valor para hacerlo.

455

Números 13:1—14:35

Un día Moisés mandó a doce hombres a explorar la tierra que Dios le había prometido a su pueblo. La tierra tenía muchos alimentos deliciosos, pero también tenía murallas muy grandes y las personas que vivían allí eran como gigantes. Cuando los doce hombres regresaron, diez de ellos dijeron: «No podemos ir y apoderarnos de esa tierra». Ellos tenían miedo de confiar en Dios e intentar algo nuevo. Solo dos hombres, Josué y Caleb, dijeron: «No se preocupen. Dios está con nosotros y Él es más fuerte que cualquier gigante». De todas formas el pueblo tuvo miedo de entrar a la nueva tierra. Y por no haber confiado en que Dios los ayudaría, tuvieron que andar de un lado para otro en el desierto por cuarenta años.

457

Vamos a leer y a compartir

¡Hablemos de . . . !

★ Los doce hombres que exploraron la tierra, ¿cuántos querían intentar algo nuevo?

★ ¿Qué dijeron los demás?

★ ¿Qué sucedió debido a que el pueblo no creyó que Dios podía ayudarlos a entrar a la tierra que quería darles?

Comparte el amor de Dios

¿Confías tú, al igual que Josué y Caleb, en que Dios puede ayudarte a hacer aquello que quiere que hagas? Menciona algunas de las cosas que has intentado tener el valor de hacer. Estas son algunas ideas para ayudarte a pensar:

❖ Ir a tu primer día de clases
❖ Aprender a nadar
❖ Probar platos nuevos

Oración

Amado Señor: Ayúdame a ser valiente y a recordar que tú siempre estás conmigo. Amén.

Confiar ciegamente

Dichosos todos los que confían en él [Dios]. —Salmo 34:8

¿En quién confías? Cuando confiamos en alguien eso significa que creemos que esa persona hará lo que es mejor para nosotros, aunque no siempre entendamos cómo sucederá. Cuando Maida confió en su mamá se llevó una maravillosa sorpresa.

Maida no entendía por qué su mamá le pedía que limpiara su cuarto inmediatamente. Pero de todas formas, dejó de jugar e hizo lo que su mamá le pidió. Pronto se alegró de haberlo hecho, porque su madre le tenía una gran sorpresa. Su mejor amiga venía a nadar y a pasar la noche con ella.

Ahora Maida estaba lista para jugar porque había hecho lo que se le había pedido aun cuando no entendía el porqué. Había confiado en su mamá.

En la historia bíblica de hoy, veremos que Dios les dio a los israelitas algunas instrucciones que no parecían tener mucho sentido. Pero como confiaron en Dios y obedecieron, sucedió algo maravilloso.

Josué 6

Dios quería que su pueblo conquistara la ciudad de Jericó. En ese tiempo la ciudad estaba rodeada de enormes murallas que tenían puertas grandes y pesadas. El pueblo cerraba las puertas y las vigilaba para que nadie pudiera entrar o salir de la ciudad.

Josué era el líder del pueblo de Dios. Por eso Dios le habló para que le dijera al pueblo que marchara alrededor de la ciudad una vez al día durante seis días. Los sacerdotes debían marchar al frente del cofre del pacto con algunos soldados delante y otros detrás del cofre.

Dios les mandó que marcharan siete veces alrededor de la ciudad al séptimo día. Y eso no era todo. Dios dijo que los sacerdotes debían tocar sus trompetas y los demás debían gritar bien fuerte. Cuando lo hicieron las murallas se cayeron. Esta debió parecer una forma muy extraña de derrumbar las murallas de la ciudad, pero el pueblo confió en Dios e hizo exactamente lo que Él le había ordenado, y los muros se cayeron.

Vamos a leer y a compartir

¡Hablemos de . . . !

★ ¿Qué le pidió Dios a su pueblo que hiciera alrededor de las murallas de Jericó?

★ ¿Qué sucedió cuando ellos confiaron en Dios y le obedecieron?

Comparte el amor de Dios

¡Catapún! Si tú hubieras sido uno de los israelitas, ¿cómo te habrías sentido cuando cayeron las grandes murallas de Jericó? Historias como estas nos enseñan que podemos confiar en Dios siempre, pues Él hará lo que es mejor para nosotros. Aquí te mostramos un juego acerca de la confianza.

CONFÍA EN MÍ

Para este juego vas a necesitar una venda para los ojos y un compañero. Ponte la venda y deja que tu compañero te guíe por un patio, área de juego, casa o apartamento, sin dejarte tropezar o chocar con nada. Luego intercambien sus papeles. ¿Tuvieron problemas al confiar el uno en el otro para no tropezar con algo?

Oración

Amado Señor: Ayúdame a creer en ti y a confiar en tu Palabra aunque no entienda. Amén.

La mejor ayuda posible

¿Hay algo que sea difícil para el Señor?—Génesis 18:14

¿Sabías que no hay absolutamente nada imposible para Dios? Todo es posible para Él. Y esta es la mejor parte: Él quiere ayudarte cuando estés pasando por momentos difíciles. Todo lo que tienes que hacer es pedirle que te ayude. Él hará lo que es mejor para ti y para aquellos por quienes oras. Eso fue lo que sucedió cuando Josué y su ejército tuvieron un problema muy, pero que muy, grande.

¡Marchen! ¡Marchen! ¡Marchen! Parece gracioso. Vamos a decirlo otra vez: *¡Marchen!* Cuando marchas estás avanzando, aun cuando lo que hagas sea difícil o tome mucho tiempo. Nosotros decimos que las personas que corren una carrera larga deben seguir marchando, poner un pie y luego el otro hasta que termine la carrera.

463

Josué 10:1–14

Mientras Josué guiaba al pueblo de Israel hasta la tierra que Dios le había prometido, el ejército peleó muchas batallas. Un día Josué y su ejército habían peleado duro, pero aún la batalla no había terminado. Josué y su ejército no habían ganado, todavía no.

464

Ellos necesitaban más tiempo. Josué necesitaba la ayuda de Dios y por eso dijo: «Sol, detente . . . luna, párate». El sol se detuvo y la luna se paró hasta que Josué y su ejército ganaron la batalla. Eso fue lo que hizo Dios por su pueblo.

Vamos a leer y a compartir

¡Hablemos de . . . !

★ ¿Hay algo que sea imposible para Dios?
★ ¿Por qué Josué necesitó la ayuda de Dios?
★ ¿Qué hizo Dios por su pueblo?

Comparte el amor de Dios

¡Vaya, vaya! ¿Te sorprendió la forma en que Dios ayudó a Josué? Es bueno saber que puedes pedirle a Dios que te ayude con tus problemas. Pero también puedes pedirle que ayude a otros. Aquí te mostramos algo que puedes hacer por alguien que necesita la ayuda de Dios. Es una tarjeta de oración.

> ### TARJETA DE ORACIÓN
>
> Consigue algunos papeles de colores y dóblalos por la mitad para que se abran como un libro. Pinta un dibujo en la parte de afuera. Adentro escribe: Estoy orando por ti. Fírmala con tu nombre y entrégala a la persona que necesita la ayuda de Dios.

Oración

Querido Señor: Gracias porque siempre estás conmigo para ayudarme cuando te necesito. Yo sé que no hay nada imposible para ti. Amén.

¡Eres un ganador!

Que haya griterío de júbilo cuando sepamos la noticia de tu victoria; que se agiten las banderas en alabanza a Dios. —SALMO 20:5

Probablemente hayas ganado más veces de las que puedes recordar. Todos obtenemos triunfos cuando nos esforzamos por ganar un juego, vencer un miedo o resolver un problema. Algunos triunfos son grandes, como la primera vez que dormimos fuera de casa. Otros son pequeños, como cuando recordamos recoger nuestros juguetes. Uno de los mejores triunfos es el que Jesús nos dio sobre el pecado, sobre las cosas malas que hacemos.

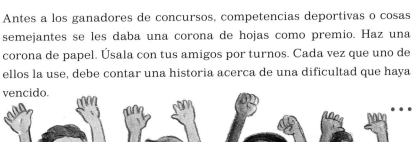

Antes a los ganadores de concursos, competencias deportivas o cosas semejantes se les daba una corona de hojas como premio. Haz una corona de papel. Úsala con tus amigos por turnos. Cada vez que uno de ellos la use, debe contar una historia acerca de una dificultad que haya vencido.

467

Historia bíblica

Jueces 6:11–24; 6:33—7:8; 7:16–22

Gedeón fue el guerrero que Dios escogió para salvar al pueblo de Israel de sus enemigos, los madianitas. Por medio de un ángel Dios le dijo a Gedeón lo que iba a suceder y lo que quería que hiciera. Gedeón estaba seguro de que Dios se había equivocado al escogerlo porque él era el más insignificante de su familia. Tenía miedo. Pero Dios le prometió que estaría a su lado. Entonces Gedeón reunió un ejército con muchos soldados. «Son demasiados», le dijo Dios. Así que Gedeón mandó a miles de soldados de regreso a casa. Pero Dios le dijo: «Todavía son demasiados», hasta que solo quedaron trescientos hombres.

Luego Gedeón le dio a cada uno de ellos una trompeta y un jarrón con una antorcha encendida. Así él y su ejército partieron sin hacer ruido hacia las afueras del campamento donde dormían sus enemigos. Al llegar, tocaron las trompetas, rompieron los jarrones, levantaron las antorchas encendidas y gritaron: «Por el Señor y por Gedeón». Los madianitas se asustaron tanto que comenzaron a pelear entre ellos y finalmente huyeron. ¡Gedeón ganó la batalla! ¡Bravo, Gedeón! ¡Bravo, Dios!

Vamos a leer y a compartir

¡Hablemos de . . . !

* ¿Para qué tarea Dios escogió a Gedeón?
* ¿Qué hicieron los hombres de Gedeón con las trompetas, los jarrones y las antorchas?
* ¿Qué hicieron sus enemigos?

Comparte el amor de Dios

¿Puedes imaginarte ganar una batalla sin pelear? Dios ayudó a Gedeón a alcanzar la victoria y puede ayudarte a ti también. ¿Cuáles son algunas de las cosas que Dios te ha ayudado a vencer? Ahora menciona algunos de los retos que quieres alcanzar. Aquí tienes algunas ideas:

✤ Memorizar un versículo bíblico
✤ Aprender un deporte
✤ Comer vegetales
✤ Hacer una nueva amistad

Oración

Amado Señor: Gracias por darme la victoria sobre el pecado.
Y recuérdame pedirte ayuda cuando tenga algún problema. Amén.

Dios responde la oración

«¡Den gracias al Señor y oren a él!» —1 Crónicas 16:8

¿Sabías que Dios responde todas nuestras oraciones? Algunas veces puede parecer que no es así, pero siempre responde. La respuesta de Dios puede ser sí o no. Puede respondernos en ese mismo momento o puede que su respuesta demore un largo tiempo. La Biblia nos habla de Ana, una mujer que deseaba tanto algo que apenas podía pensar en otra cosa. Cuando Dios respondió su oración, ella le dio gracias por medio de una canción.

LA CANCIÓN DE ANA

«¡Cuánto me ha bendecido!
Ahora tengo respuesta
*   para mis enemigos,*
porque el Señor ha resuelto
*   mi problema.*
¡Cuánto se goza mi corazón!»
—1 Samuel 2:1

471

1 Samuel 1:1—2:2; 2:18–21

Ana no tenía hijos, y eso la hacía sentir muy triste. Un día fue al santuario de Dios para orar. Ella le pidió a Dios un hijo varón. Elí, el sacerdote, la vio orando. Entonces Ana le dijo que estaba muy triste y le estaba contando a Dios sus problemas. Ana prometió que si Dios le daba un hijo varón, él trabajaría para Dios toda su vida.

Dios respondió la oración de Ana. Ella tuvo un hijo y lo llamó Samuel porque ese nombre se pronuncia parecido a la palabra hebrea que significa «Dios escuchó». Ana cumplió su promesa y Samuel trabajó para Dios toda su vida.

Vamos a leer y a compartir

¡Hablemos de . . . !

* ⭐ ¿Quién oró y le pidió a Dios un hijo?
* ⭐ ¿Qué le prometió Ana a Dios?

Comparte el amor de Dios

¿Alguna vez deseaste algo tanto como Ana, que apenas podías pensar en otra cosa? Una manera divertida de ver cómo contesta Dios nuestras oraciones es haciendo un libro de oración. Dobla varias hojas de papel en blanco por la mitad. Luego engrapa las hojas juntas para hacer un libro y decora la portada. Adentro escribe tus oraciones y pon la fecha. Cuando Dios conteste tu oración escribe: «Gracias a Dios» y ponle la fecha también. Si quieres puedes pegar fotos de las personas o cosas por las que estás orando.

RECUERDA

Unas veces Dios dice sí. Otras dice no. Y aun otras dice espera. Dios te ama muchísimo. Su respuesta depende de lo que es mejor para ti.

Oración

Querido Señor: Ayúdame a orar más a menudo.
Me alegra saber que puedo hablar contigo. Amén.

¡Shhhhhhhhhh!

«Habla, Señor, que tu siervo escucha». —1 Samuel 3:10

¿Escuchas bien? ¿Prestas atención a lo que tus padres y maestros te dicen? Escuchar atentamente es una buena forma para aprender cosas nuevas. Dios quiere que escuchemos su Palabra para que conozcamos su voluntad con nosotros. Diviértete con el juego «El telegrama» y descubre, a la vez, si escuchas bien.

EL TELEGRAMA

Una persona debe susurrarle una frase a su vecino de la derecha o la izquierda solo una vez. Luego, esa persona susurra exactamente la misma frase a la persona más cercana de la izquierda y así hace cada una hasta que la última persona escuche también la frase y diga en voz alta lo que escuchó. ¿Escuchó la última persona lo mismo que los demás? Inténtalo otra vez. Esta vez, la última persona comienza el juego con una nueva frase.

1 Samuel 3:1–14

Samuel era un jovencito que vivía en el santuario de Dios. Su trabajo era ayudar al sacerdote Elí. Una noche, mientras Samuel dormía, escuchó que alguien lo llamaba. Él pensó que era el sacerdote Elí, así que se levantó y corrió hasta su cama. «No te he llamado», le dijo Elí. «Vuelve a la cama». Y Samuel se acostó.

Al instante Samuel escuchó la voz otra vez y corrió a la cama de Elí. Después que eso sucedió tres veces, Elí comprendió que era Dios el que llamaba a Samuel. Entonces le dijo: «Si oyes otra vez la voz, dile: "Habla, Señor, que tu siervo escucha"». Así lo hizo Samuel.

Vamos a leer y a compartir

¡Hablemos de . . . !

* ¿Quién creía Samuel que lo llamaba por la noche?
* ¿Qué le dijo Elí al muchacho la tercera vez que Samuel lo despertó?
* ¿Qué sucedió la cuarta vez que Samuel escuchó que alguien lo llamaba?

Comparte el amor de Dios

¿Qué crees que diría Samuel acerca del mundo ruidoso en que vivimos? En nuestro mundo hay tanto ruido que a veces no escuchamos los sonidos a nuestro alrededor. Siéntate tranquilo y escucha. ¿Qué ruidos oyes?

❖ Un televisor
❖ Una radio
❖ Una computadora
❖ ¿Qué más?

Pide permiso para apagar los equipos que produzcan ruido. Ahora siéntate tranquilo y medita acerca de todas las cosas maravillosas que Dios ha hecho. Ora y escucha. Dios nos habla a través de la Biblia y lo hace de tal modo que nuestra mente y nuestro corazón entienden lo que Él nos dice.

Oración

Amado Señor: Enséñame a estar callado y a escuchar lo que tienes que decirme mientras leo la Biblia y oro. Amén.

478

¡Hurra por el jovencito!

«No temas, pues yo estoy contigo, no te desanimes. Yo soy tu Dios, yo te fortaleceré, yo te ayudaré». —Isaías 41:10

¿Alguna vez has tenido miedo de intentar algo nuevo? Pídele a Dios que te ayude a ser valiente como el pequeño cometa de este poema.

CÓMO APRENDIÓ A VOLAR EL PEQUEÑO COMETA

«Nunca podré hacerlo», decía el pequeño cometa,
mientras miraba a los otros que volaban a gran altura.
«Sé que fallaría si intentara volar».
«¡Inténtalo!», le dijo la cometa grande, «solo inténtalo
o temo que nunca aprenderás».
Pero el cometa pequeño dijo: «Temo que caeré».
. . . .
Entonces el papel del cometa pequeño se
*   movió a vista de todos,*
y temblando se sacudió a sí mismo libre
*   para volar.*
Primero formando remolinos y volando,
*   aumentó la valentía,*
subiendo y subiendo se elevó por el aire.
. . . .
«¡Ah, qué feliz soy!» El cometa pequeño
*   exclamó,*
«Además porque fui valiente y lo intenté».
—Anónimo (adaptado)

1 Samuel 17:1–58

David era pastor. Su trabajo era proteger y cuidar las ovejas de su padre. Quizás algunas personas pensaban que sólo era «un muchachito». Un día su padre lo mandó a llevarles comida a sus hermanos que estaban en la guerra. Cuando llegó al campo de batalla, se quedó asombrado. Todos los soldados tenían miedo de un gigante llamado Goliat. El gigante gritaba desde el otro lado del valle al pueblo de Dios que le enviara un guerrero para que peleara contra él. Pero nadie se atrevía.

Entonces David dijo: «Yo iré».

El rey le respondió que no lo hiciera.

David, que estaba lleno del valor que Dios le había dado, dijo: «Dios ganará esta pelea por mí». Y recogió cinco piedras lisas y las puso en su bolsa de pastor. Entonces con su honda en una mano salió a pelear contra el gigante. Goliat se molestó cuando vio que David era solo un niño.

David puso una piedra en la honda y le dio vueltas. La piedra fue hacia el gigante y lo golpeó en la frente. El gigante cayó al suelo. Dios le había dado el valor a David para pelear contra Goliat y ganar la batalla.

Vamos a leer y a compartir

¡Hablemos de . . . !

★ ¿A quién le tenían miedo los soldados?

★ ¿Tenía David un arma grande para pelear contra Goliat?

★ ¿Cómo ayudó Dios a David a ganar la batalla?

Comparte el amor de Dios

Todos necesitamos valor para hacer algo. David tuvo valor para enfrentar a aquel gigante. ¿Para qué necesitas valor? Solo para divertirte:

❖ ¿Necesitarías más valor para lanzarte a una piscina o para usar tu pijama al revés?

❖ ¿Preferirías leer un poema delante de un grupo o entrar a una habitación oscura?

Comenta con tu familia cómo te ha dado Dios el valor para hacer algo que antes te daba miedo. Cada miembro de la familia tendrá la oportunidad de hablar.

Oración

Amado Señor: De verdad quiero ser valiente, pero a veces me siento como ese pequeño cometa. Es difícil intentar hacer algo nuevo. Ayúdame a tener valor. Amén.

Amigos para siempre

El verdadero amigo siempre ama. —Proverbios 17:17

Es bueno tener amigos cuando estamos contentos y cuando estamos tristes, cuando jugamos y también cuando descansamos. ¿Sabías que Dios es tu amigo en todo tiempo? Este es un poema acerca la amistad. Vamos a leerlo juntos.

AMISTAD

Eres mi amigo
Y yo soy tuyo.
Jugamos adentro
Y fuera también.

Cuando estoy triste
Tomas mi mano.
Cuando estás triste
Yo te comprendo.

Amigos para siempre,
Espero que seamos,
Por lo menos
Hasta los cien años.
—Gwen Ellis

Ahora entérate acerca de dos de los mejores amigos que aparecen en la Biblia.

1 Samuel 18:1–16; 20

David y Jonatán eran muy buenos amigos. El padre de Jonatán, Saúl, era el rey de Israel. El príncipe Jonatán habría sido el próximo rey, pero Dios había escogido a David en su lugar. El pueblo amaba a David. Eso hizo que el rey Saúl se enojara y sintiera celos. Él tenía miedo de David y quería matarlo. Cuando Jonatán supo eso, le avisó a David y lo ayudó a huir a un lugar seguro, donde nadie pudiera hacerle daño. Hasta le regaló a David su manto.

Vamos a leer y a compartir

¡Hablemos de . . . !
★ ¿Quién era el mejor amigo de Jonatán?
★ ¿Quién era el padre de Jonatán?
★ ¿Por qué el rey Saúl estaba enojado y celoso?

Comparte el amor de Dios

Seguramente David pensaba en su amigo Jonatán cada vez que veía el manto que él le había regalado. A continuación veamos algo divertido que puedes hacer con tus amigos para mostrarles tu cariño.

> ### AMISTAD
>
> Haz un brazalete de la amistad con un pedazo de cinta bordada. Mide cuidadosamente la cinta en la muñeca de tu amigo antes de cortarla para que no le apriete. Luego añádele a esa medida cuatro pulgadas o doce centímetros (o los que sean suficientes para hacerle un nudo al final). Corta la cinta. Ahora ponla otra vez en la muñeca de tu amigo y hazle un nudo doble. Pídele a un adulto que corte la punta de la cinta cerca del nudo. ¡Has terminado tu brazalete de la amistad!

Oración

Querido Señor: Bendice a mis amigos y ayúdanos a ser amigos como Jonatán y David. Amén.

Sé amable

No te apartes nunca del amor y la verdad. —PROVERBIOS 3:3

¿Alguna vez has dejado a un amigo estrenar alguno de tus juegos o juguetes? ¡Bravo por ti! ¿Sabías que cuando eres amable no solo alegras a los demás, sino también a Dios?

Cuando su mamá le dijo que irían a casa de la señora Gómez, una anciana de la iglesia, para ayudarla, Tomás pensó que sería aburrido. Pero estaba equivocado. La señora Gómez contaba historias maravillosas y hacía pasteles muy ricos. A partir de entonces Tomás deseaba pasar tiempo con ella. Él mostraba su amabilidad siendo cortés y ayudándola en cosas como abrir la puerta del auto. Ser amable es una de las formas que tenemos para mostrar el amor de Dios.

487

1 Samuel 31; 2 Samuel 1:1-4; 5:1-4; 9

Jonatán, el mejor amigo de David, murió. Después de que David se convirtió en rey, quiso mostrar su bondad hacia Jonatán ayudando a alguien que estuviera vivo de la familia de Saúl. David supo que el hijo de Jonatán, Mefiboset, estaba lisiado de ambos pies y viviendo en Lo Debar. David fue muy amable con Mefiboset. Él trató al hijo de Jonatán como si fuera uno de sus hijos y siempre comió en su mesa. También se aseguró de que todas las propiedades de Jonatán le fueran devueltas a Mefiboset, que le cultivaran su tierra y que tuviera alimento para comer. Mefiboset vivió en Jerusalén y David se encargó de él durante toda su vida. David fue amable.

Vamos a leer y a compartir

¡Hablemos de . . . !

★ ¿Quién era Mefiboset?

★ ¿De qué manera fue amable David con Mefiboset?

Comparte el amor de Dios

Si tú hubieses sido Mefiboset, ¿cómo te habría hecho sentir la amabilidad de David? ¿Son tus modales tan buenos como los de David? Este es un pequeño examen de amabilidad.

PEQUEÑA PRUEBA DE AMABILIDAD

[Responde: Verdadero o falso.]

1. Cuando alguien hace algo bueno por ti, no debes decirle nada.
2. Ayudar a recoger los platos de la mesa, después que terminas de comer, es bueno.
3. Cuando te hacen un regalo, debes decir: «Gracias».
4. Si ves un grupo de niños esperando su turno para montar en un aparato, es bueno que los saques de la fila a empujones y te montes tú primero.

[1. F / 2. V / 3. V / 4. F]

Oración

Amado Señor: Quiero ser un niño amable, que piense primero en los demás. Por favor, ayúdame a tener buenos modales. Amén.

Vamos a compartir

«Haz a otros todo lo que quieras que te hagan a ti». —MATEO 7:12

Tania sacó de su mochila una manzana. «¿Quieres?», le preguntó a Cintia. Ella aceptó, pero los hermanos pequeños de Cintia también querían. ¿Qué deben hacer las niñas? Esta es una pista: Dios quiere que tratemos a los demás de la misma forma que nos gusta que nos traten. Lee la siguiente historia para que encuentres otra pista.

Isabel no quería compartir sus juguetes. No entendía cómo sus amigas se sentían debido a su comportamiento egoísta hasta un día que fue a casa de Ana a jugar. Cuando Isabel quiso jugar con la hermosa casa de muñecas de Ana, ella no se lo permitió. A Isabel no le gustó que no la dejaran jugar con la casa de muñecas. Por eso, en ese mismo momento, decidió que trataría a sus amigas de la misma forma que quería que ellas la trataran. Ahora Isabel y sus amigas se divirtieron más.

491

1 Reyes 17:1–16

La nación de Israel estaba viviendo tiempos difíciles. El pueblo no le había sido fiel a Dios y por eso no les mandaba lluvia. Así que Dios envió a Elías a otro lugar donde había un arroyo. Allí Elías tenía agua para beber y los pájaros le traían pan y carne. Pasados unos días el arroyo se secó. Entonces Dios le dijo a Elías que fuera y le pidiera comida a cierta mujer.

Elías fue adonde Dios le mandó y le pidió a la mujer de comer. Ella le contestó que solo le quedaba harina y aceite suficiente para una comida para ella y su hijo, y que entonces morirían de hambre. Elías le dijo que cocinara primero para él, y ella y su hijo no morirían de hambre. Como la mujer tenía un corazón generoso fue e hizo como Elías le había pedido y cocinó para él un pedazo de pan. ¿Sabes qué ocurrió? Dios hizo que la comida de aquella mujer no se acabara, sino que durara para que ella, su hijo y Elías comieran hasta que hubo alimento otra vez en aquella tierra.

Vamos a leer y a compartir

¡Hablemos de . . . !

* ¿Qué le dijo Dios a Elías que hiciera?
* ¿Qué hizo la mujer para ayudar a Elías?
* ¿Qué proveyó Dios para la mujer, su hijo y Elías?

Comparte el amor de Dios

Al darle comida a Elías, la mujer estaba haciendo algo que Dios quiere que todos hagamos: ¡Compartir! Ella estaba tratando a Elías de la misma manera que deseaba ser tratada.

Esta es una forma divertida para comenzar a pensar en cosas que puedes compartir. Comienza por dibujar un corazón en un pedazo de papel. Luego dibuja líneas que lo atraviesen y lo dividan en cuatro partes. En cada parte dibuja algo que te sea difícil compartir pero que vas a empezar a compartir para agradar a Dios. Habla con tu familia acerca de las maneras en las que puedes comenzar a hacerlo. Después decide qué harás la próxima vez que te pidan que compartas algo. Ahora tienes un corazón generoso.

Oración

Amado Dios: Ayúdame a aprender a compartir con otros como tú deseas que lo haga. Amén.

Fuego del cielo

Oren a Dios en todo tiempo. —Efesios 6:18

Todos los días hablas con muchas personas, tu familia, amigos, profesores y quizás hasta con tu osito de peluche. Pero, ¿sabías que Dios quiere que hablemos con Él todos los días también? Hablar con Dios es orar. Y tú puedes hablar con Él en todo momento y en todo lugar. Dios puede ayudarnos con nuestros problemas, pequeños o grandes, todo lo que tenemos que hacer es pedirle que nos ayude. No tenemos que gritar.

Julio quería un osito.
¡Lo quería AHORA!
No lo compartía.
Él gritó, pataleó
y lanzó cosas.
Con una voz fuerte dijo:
«¡Me lo merezco!»

A mamá no le gustó eso.
A Dios tampoco.
Su hermana sí recibió el osito.
Y ella dijo: «Gracias».
—Laura Minchew

Lee la historia bíblica de hoy y descubre lo que sucedió cuando Elías habló con Dios.

495

1 Reyes 18:1, 15–46

Después de casi tres años sin lluvia, el pueblo de Israel estaba desesperado por agua. Así que todos los 450 profetas que oraban al dios falso llamado Baal se encontraron con Elías, el profeta del único Dios verdadero en la cima de una montaña. El grupo de profetas construyó un altar para Baal, colocó leña en él y entonces puso una ofrenda de carne encima de la leña. Elías hizo lo mismo, pero su altar era para Dios.

Los profetas gritaron y gritaron desde la mañana hasta bien entrada la tarde, rogándole a Baal que les contestara y enviara fuego. Nadie respondió. No vino ningún fuego. (Eso sucedió porque Baal no es dios. Hay solo un Dios. ¿Sabes quién es?)

Ahora era el turno de Elías. Él hizo que las personas les echaran agua a la leña y a la carne de la ofrenda hasta que el altar se mojó completamente. Todos allí sabían que el altar estaba demasiado mojado para que el fuego prendiera. Entonces Elías oró al Dios verdadero para que enviara fuego que quemara la ofrenda. Y Dios mandó fuego, tanto que quemó todo el altar. ¡Estupendo! Dios respondió la oración de Elías y demostró que era el Dios verdadero.

497

Vamos a leer y a compartir

¡Hablemos de . . . !

★ ¿Cuánto tiempo había pasado sin que lloviera en el pueblo de Israel?

★ ¿Qué hicieron los profetas del dios falso Baal?

★ ¿Qué hizo Elías cuando llegó su turno?

Comparte el amor de Dios

¿Es bueno saber que puedes hablar con Dios sobre cualquier cosa? A Él le interesa lo que piensas y sientes. ¿Te pasó algo emocionante? Díselo a Dios. Todos tenemos días buenos y días no tan buenos. ¿Qué tipo de día es cuando . . .

❖ Te caes en un pantano?

❖ Aprendes algo nuevo?

❖ Te raspas la rodilla?

❖ Vas a nadar a una piscina y está llena de gelatina?

Oración

Querido Dios: Sé que eres un Dios poderoso y que no hay nada imposible para ti. Es por eso que oro a ti. Gracias por escuchar mis oraciones. Amén.

Una persona honesta

«Digan siempre la verdad». —Zacarías 8:16

¿Dices la verdad y tratas de hacer lo correcto siempre? ¿Si te encontraras una billetera la devolverías? ¿Aunque tuviera dinero adentro? A veces parece que decir mentiras y ser deshonesto es más fácil que decir la verdad. Pero Dios quiere que digamos siempre la verdad.

¿Sabías que uno de los presidentes de Estados Unidos fue un hombre tan honesto que lo llamaron «Abe el honesto»? Su nombre verdadero era Abraham Lincoln. Se cree que le pusieron ese apodo siendo aun joven y dependiente en una tienda. Un día se equivocó al darle el cambio a un cliente. Cuando se dio cuenta de su error, caminó una larga distancia para darle el vuelto correcto a aquella persona.

En la historia bíblica de hoy, veremos que decir mentiras trae muy malas consecuencias.

499

1 Reyes 21—22:39

Un día el rey Acab fue a ver a su vecino Nabot, y le pidió que le diera su tierra para hacer una huerta de hortaliza. Nabot le respondió: «No». Entonces el rey se puso muy furioso. Cuando le contó a su esposa, la reina Jezabel, ella se enfureció mucho también.

Entonces la reina ideó un plan que los ayudaría a obtener la tierra de Nabot. En aquel tiempo, la ley prohibía hablar mal de Dios o del rey. La reina Jezabel consiguió algunas personas que dijeran que Nabot había dicho cosas malas contra Dios y contra el rey.

El rey y la reina sabían que era mentira, pero permitieron que mataran a Nabot por algo que no había hecho porque querían adueñarse de su tierra.

Más tarde, el rey Acab y la reina Jezabel murieron de forma terrible a causa de todas sus mentiras y malas acciones.

Vamos a leer y a compartir

¡Hablemos de . . . !

★ ¿Qué querían el rey Acab y la reina Jezabel?

★ ¿Qué hicieron para obtener lo que querían?

★ ¿Qué les sucedió al rey Acab y a la reina Jezabel?

Comparte el amor de Dios

¡Uf! Esa historia no tuvo un final feliz. Dios quiere que sepamos que las mentiras y las malas acciones pueden lastimar no solo a los demás, sino también a los mentirosos y a los que hacen el mal. Comparte el amor de Dios diciendo siempre la verdad, siendo honesto con todas las personas que conoces. Si le has dicho una mentira a alguien, pídele perdón. Diviértete con este juego y averigua si puedes identificar claramente cuando alguien dice verdad o mentira.

¿VERDAD O MENTIRA?

Alguien será el orador. Este puede escoger entre decir la verdad o una mentira. El resto de las personas adivinarán si el orador estaba diciendo la verdad o una mentira. Deben turnarse para que todos tengan la oportunidad de ser el orador. ¿Quién fue el que más adivinó?

Oración

Amado Señor: Ayúdame a decir siempre la verdad. Amén.

Fiel

«Sé fiel hasta la muerte y yo te daré la corona de la vida».
—APOCALIPSIS 2:10

En el Parque Yellowstone puedes encontrar algo realmente increíble llamado el géiser Old Faithful. Quizá lo has visto. Es un hoyo en el suelo que lanza agua caliente cada 60 a 90 minutos. Nadie sabe por cuánto tiempo lo ha estado haciendo o cuándo fue descubierto, pero se nombró así en 1879 debido a su fidelidad al expulsar el agua caliente. Y todavía hoy lo sigue haciendo.

Lo puedes ver tú mismo si lo deseas. Pídele a un adulto que te ayude a buscar en Internet el sitio del Parque Yellowstone. En el menú que aparece del parque, haz clic en Old Faithful.

En la historia bíblica de hoy, leeremos sobre Elías, uno de los fieles seguidores de Dios. Dios quiere que nosotros también seamos fieles viviendo cada día para Él.

2 Reyes 2:1–12

Elías era un fiel siervo de Dios. Se mantuvo fiel aun cuando una reina malvada lo amenazó y tuvo que esconderse en el desierto. Aunque Elías ya era anciano, seguía sirviendo a Dios fielmente. Enseñaba a su ayudante Eliseo a hacer lo mismo. Eliseo iba con él a todas partes hasta que un día sucedió algo increíble.

Un carro de fuego con caballos de fuego bajó del cielo y ¡zuum!, un torbellino se llevó a Elías directo al cielo. Elías fue fiel a Dios hasta el final. Y Dios fue fiel al llevarlo directo al cielo a estar con Él para siempre.

¡Hablemos de . . . !

★ ¿Qué tipo de siervo de Dios era Elías?

★ ¿Hacia dónde fue Elías en el torbellino?

Comparte el amor de Dios

¡Estupendo! Es tremendo cómo llevó Dios a Elías al cielo. Y es bueno saber que un día nosotros también iremos al cielo si somos seguidores fieles de Dios. ¿Cuán fiel eres tú? Haz este pequeño examen.

ERES FIEL A DIOS CUANDO . . .

[Responde: Verdadero o falso.]

1. Haces lo correcto.
2. Dices la verdad.
3. Dices una mentira.
4. Obedeces a Dios aun en los momentos difíciles.

[1. V/ 2.V/ 3. F/ 4. V]

Oración

Amado Señor: Estoy aprendiendo a ser fiel. Ayúdame a ser leal, auténtico y cumplidor en todo lo que hago. Amén.

Dios provee

¡Alabado sea el Señor, alabado sea nuestro Dios y Salvador!
Porque día tras día nos lleva cargados en sus brazos. —Salmo 68:19

¿Cuántos nombres tienes? Piensa. Tienes un primer nombre y quizás uno más.
Tienes dos apellidos y tal vez un apodo. Te pueden llamar hijo o hija, sobrina o
sobrino, nieto o nieta. Algunas veces tu nombre dice algo de ti.

¿Sabías que Dios tiene varios nombres que lo describen también? Uno de los
nombres de Dios significa: «El Señor provee». Dios nos da lo que necesitamos.
A veces lo hace por medio de otros que nos ayudan. En la historia bíblica de
hoy, veremos cómo usó Dios a Eliseo para ayudar a alguien que lo necesitaba.

Dios ha enviado personas a ayudarte a ti también. Esas personas pueden ser tu
mamá, tu papá, tu abuela, tu abuelo, tu tía, tu tío, tu
hermano, tu hermana, tu maestro o tu amigo.
Rápido, menciona tantas personas
como puedas que Dios haya enviado
a ayudarte.

¡Preparado,

 listo,

  YA!

507

2 Reyes 4:1–7

Una mujer fue a ver a Eliseo, el profeta de Dios, para pedirle ayuda. Ella estaba muy triste. Su esposo había muerto y le debía mucho dinero a un hombre. Si no pagaba la deuda, aquel hombre se llevaría a sus dos hijos y los convertiría en sus esclavos. Eliseo le preguntó a la mujer qué tenía en casa. La mujer le respondió: «No tengo nada, excepto una pequeña vasija de aceite».

Eliseo le dijo que consiguiera todas las vasijas vacías que sus vecinos pudieran prestarle. «Toma tu pequeña vasija de aceite y comienza a llenar las vasijas vacías», le dijo Eliseo. La mujer hizo como él le había dicho. Ella echó y echó y echó aceite hasta que todas las vasijas se llenaron. Entonces la mujer tomó las vasijas y comenzó a vender el aceite para pagar su deuda. Ahora sus hijos podían quedarse en casa. Además ella y sus dos hijos tenían dinero suficiente para vivir. ¡Qué bueno! Dios hizo provisión para ella.

509

Vamos a leer y a compartir

¡Hablemos de . . . !

★ ¿Cuál era el problema de la mujer?
★ ¿Qué le dijo Eliseo que hiciera?
★ ¿Qué hizo Dios por ella y por sus hijos?

Comparte el amor de Dios

¡Una vasija de aceite! ¿Quién hubiera sabido que eso era lo único que la mujer y sus hijos necesitaban? Pero Dios sí lo sabía y envió a Eliseo para que la ayudara. Aún hoy Dios envía personas para ayudar a otros. Dios envía a personas como tú para proveer lo que otros necesitan. Algunas veces lo que una persona necesita es tan pequeño como alguien que abra una puerta. Otras veces es algo muy grande, como alguien que adopte a un niño o dé alimento a los que tienen hambre. Tú nunca sabes como Dios te va a usar para ayudar a otros, pero puedes estar seguro de que lo hará.

> Menciona cinco maneras en las que Dios
> te ha usado a ti y a tu familia
> para ayudar a otros.

Oración

Amado Señor: Estoy contento porque provees para mis necesidades. Por favor, úsame para ayudar a otros cada vez que pueda. Amén.

¡Achís!

¡Gracias por haberme hecho tan admirable! —S<small>ALMO</small> 139:14

Dios inventó el estornudo para protegernos. Hay una historia maravillosa en la Biblia acerca de un pequeño niño que estornudó muy fuerte. ¿Cómo crees que fue? ¿Y por qué fue tan importante el estornudo? Lee la historia bíblica de hoy en la página siguiente y descúbrelo.

***

DATOS SOBRE LOS ESTORNUDOS

- Estornudas para despejar tus vías respiratorias.
- ¿Interviene todo tu cuerpo en un estornudo? Primero te pica la nariz, luego tu cerebro te dice que estornudes y, por último, tus músculos se preparan para el gran evento.
- La mayoría de las personas cierra los ojos cuando estornuda. ¿Y tú?
- Estornudas al oler la pimienta.
- La velocidad de un estornudo puede ser de más de cien millas (ciento sesenta kilómetros) por hora.

511

Historia bíblica

2 Reyes 4:8–37

A menudo Eliseo se quedaba en casa de una mujer de Sunén, su esposo y su hijo. La familia hasta había construido un cuarto especial para Eliseo en el techo de su casa.

Un día, el niñito se enfermó de repente cuando salió al campo donde su padre recogía el grano. Ellos llevaron el niño a casa, pero nadie pudo hacer algo. El niñito murió. La mujer de Sunén colocó al niño en la cama de Eliseo. Ella se apresuró a buscar a Eliseo para que la ayudara con su niño. Eliseo fue con ella de regreso a su casa y oró. Entonces escucharon un repentino: «¡Achiis!» El niñito estornudó. Estornudó seis veces más y abrió sus ojos. Fue un milagro. Dios había resucitado al niñito.

Vamos a leer y a compartir

¡Hablemos de...!

★ ¿Qué le pasó al niñito?
★ ¿Qué hizo Dios cuando Eliseo oró por él?

Comparte el amor de Dios

¿Alguien te ha dicho alguna vez: «¡Salud!», cuando estornudaste? Muchas personas lo hacen, y esa es siempre una buena forma de compartir el amor de Dios, ya que al hacerlo es como si oraras por esa persona.

ESTORNUDOS GRACIOSOS

Busca un papel. Luego dibuja en él un círculo para cada miembro de tu familia. Ahora piensa cómo estornuda cada persona. Dibuja la boca y la nariz para mostrar el estornudo de esa persona. ¿Se ve cómico? ¿Recordaste dibujar un círculo para ti?

Oración

Amado Señor: Tú fuiste quien me dio mi respiración y mis estornudos. Gracias por mi asombroso cuerpo. Amén.

El hacha prestada

Cada uno debe buscar no sólo su propio bien, sino también el bien de los demás. —FILIPENSES 2:4

¿Cómo te sientes cuando se te pierde algo? ¿Te pones triste? ¿Y si es algo que habías pedido prestado a un amigo? Entonces tu amigo se pondrá triste también. Cuando pedimos algo prestado, debemos cuidarlo como si fuera lo más importante que tenemos en la vida, no importa si es algo muy pequeño o muy grande, si costó mucho dinero o si no costó nada. En la historia bíblica de hoy leeremos sobre un hombre que estaba muy triste porque se le había perdido algo que era prestado. Mira lo que Eliseo, el profeta de Dios, hizo para ayudar al hombre.

2 Reyes 6:1-7

Hace mucho tiempo las herramientas de trabajo se hacían a mano. Ellas eran caras y poco comunes. Un día algunos profetas talaban árboles con hachas pesadas para construirse un lugar donde vivir. Mientras trabajaban, un hombre dio un golpe fuerte a un árbol con el hacha. Cuando lo hizo, la pesada cabeza de hierro del hacha se salió del mango y fue a parar al agua donde rápidamente se hundió.

«Oh no», gritó el hombre. «¡Era un hacha que yo había pedido prestada!» Él estaba muy triste pues ahora no podía devolverle el hacha a su dueño.

Eliseo, el profeta, estaba allí. Así que preguntó: «¿Dónde cayó el hacha?» El hombre le mostró el lugar. Entonces Eliseo cortó un palo, lo echó al agua y la parte de hierro del hacha flotó. Así aquel hombre pudo recoger el hacha. Eso fue un milagro.

Vamos a leer y a compartir

¡Hablemos de . . . !

* ⭐ ¿Qué pasó con el hacha mientras el hombre cortaba árboles?
* ⭐ ¿Qué hizo Eliseo?
* ⭐ ¿Qué flotó en la superficie del agua?

Comparte el amor de Dios

¿Crees que el hacha hubiera flotado sin la ayuda de Eliseo? Haz el experimento siguiente.

LA MONEDA SUMERGIDA

Para este experimento necesitas un vaso transparente o una taza plástica, agua limpia y una moneda. Pon ¾ de agua en el vaso y colócalo donde todos puedan verlo. Luego echa la moneda dentro del vaso. ¿Flotó la moneda? Un hacha es mucho más pesada que una moneda. Comparte el amor de Dios contándole a alguien sobre el milagro del hacha flotante.

Oración

Querido Señor: Ayúdame a cuidar todo lo que tome prestado como si fuera mío. Quiero cuidar bien todas las cosas que use. Gracias, Señor. Amén.

Yo te escogí

«¿Y quién sabe si no es para ayudar a tu pueblo en un momento como éste que has llegado a ser reina?» —ESTER 4:14

¿Alguna vez te han escogido para una tarea especial? Eso puede ser muy divertido, pero a veces da un poco de miedo también. Quizá te han escogido para ayudar a un maestro, hablar sobre algún viaje que hayas hecho, entonar una canción o para ser uno de los jugadores de un equipo. Leamos juntos la historia bíblica de hoy que nos cuenta acerca de una reina joven y hermosa que Dios escogió para una gran tarea. Ella vivía en un lugar llamado Persia, que hoy se conoce con el nombre de Irán. Si quieres saber dónde está ubicado, pídele a alguien que te ayude a encontrarlo en un mapa.

Ester 1—9

Ester era una joven común que vivía en Persia y que Dios escogió para hacer algo extraordinario. Primero, fue elegida reina de aquella tierra. Luego, uno de los hombres del rey se propuso acabar con el pueblo de Dios.

Cuando Mardoqueo, primo de la reina Ester, se enteró del plan, decidió ir a verla para contarle. Él sabía que Dios podía usar a Ester para salvar a su pueblo. Por eso le dijo: «Quizá Dios te permitió llegar al trono precisamente para un momento como este».

Lo que Ester hizo después fue un acto de valentía. Pues aunque el rey podía mandarla a matar, Ester se presentó delante del rey y le pidió que salvara a su pueblo. El rey le concedió su petición. ¡Bravo, Ester!

Vamos a leer y a compartir

¡Hablemos de . . . !

* ¿Dónde vivía Ester?
* ¿Para qué la escogió Dios?
* ¿Qué sucedió cuando obedeció a Dios?

Comparte el amor de Dios

Dios escoge a personas para hacer su obra. Tú puedes compartir el amor de Dios ayudando a hacer su obra aquí en la tierra. ¿Cuáles son algunas de las cosas que puedes hacer para ayudar a Dios a realizar su obra?

✤ Tal vez puedas darle algunos de tus juguetes a alguien que no tiene ninguno.
✤ Quizás hay algo que puedes hacer para ayudar a tus padres, abuelos y aun a tus hermanos y hermanas.

¿Qué más crees que puedes hacer para ayudar a Dios en su obra? Pídele a un adulto que te ayude a elaborar un plan. Luego cúmplelo. Te sentirás contento de haberlo hecho.

Oración

Amado Señor: Ayúdame a pensar en las cosas que puedo hacer para ser tu ayudador. Amén.

El tiempo oportuno

Para todo hay un tiempo oportuno. —ECLESIASTÉS 3:1

¿Se te hace difícil decidir qué es lo más importante cuando tienes que tomar alguna decisión? Todas las cosas tienen un orden, aun tus zapatos y tus medias. ¿Qué pasaría si primero te pones los zapatos y luego las medias? No podrías hacerlo, ¿verdad? Por tanto, la mejor opción es ponerte las medias y luego los zapatos. Ahora, si tuvieras que escoger entre ver tu programa de televisión preferido y hacer la tarea, ¿qué deberías hacer primero? La Biblia nos dice que hay un tiempo oportuno para todo lo que Dios nos ha ordenado que hagamos.

ORDEN PARA ACOSTARSE

Diviértete enumerando estas cosas de la mejor forma posible

___Acostarse.

___Tener dulces sueños.

___Cepillarse los dientes.

___Merendar.

___Orar.

Eclesiastés 3:1–8

Un hombre sabio escribió en la Biblia que todo tiene un momento oportuno en la vida. Hay ciertas cosas que no podemos decidir, como cuándo vamos a nacer. Pero hay otras que sí, por ejemplo cuándo callarnos y cuándo hablar, cuándo abrazar a alguien y cuándo no hacerlo, cuándo estar contentos y cuándo tristes. Dios quiere que sepamos escoger bien el tiempo para hacer cada cosa. Y que dejemos que Él se encargue de las cosas que no podemos decidir o cambiar. Él controla todo.

Vamos a leer y a compartir

¡Hablemos de . . . !

★ ¿Qué dice la Biblia acerca del tiempo para cada cosa?
★ ¿Qué tipo de decisiones quiere Dios que tomemos?

Comparte el amor de Dios

¿Verdad que es grandioso que haya un tiempo para cada cosa? Hay un tiempo para estar despiertos y otro para dormir. Hay un tiempo para salir y otro para estar en casa. Hay un tiempo para trabajar y otro para jugar.

ES TIEMPO

Dibuja algunos relojes para tu cuarto. Pueden ser digitales o no. Cada uno debe mostrar la hora en que tú o tu familia realizan una actividad específica. Escribe encima de tu reloj lo que haces a esa hora. ¿Comer? ¿Ir a la iglesia? ¿Acostarte? Haz todos los relojes que necesites.

Oración

Querido Señor: Por favor, ayúdame a mí y a mi familia a elegir bien lo que hacemos. Amén.

Los ángeles de Dios te cuidan

«Nunca menosprecien al creyente humilde, porque su ángel tiene en el cielo constante acceso al Padre». —MATEO 18:10

¿Sabías que Dios manda a sus ángeles para que nos cuiden? Dios nos promete en la Biblia que ordenará a sus ángeles que nos cuiden. Vamos a leer todos juntos la promesa de Dios que aparece a continuación.

Porque él ordena a sus ángeles
Que te protejan por dondequiera que
vayas...
Porque el Señor dice: «Por cuanto me ama,
yo lo libraré;
lo protegeré porque confía en mi nombre.
Cuando me llame, yo responderé;
estaré con él en la angustia,
lo libraré y lo honraré.
Le daré muchos años de vida y
le daré mi salvación».
—Salmo 91:11, 14–16

Ahora lee la historia bíblica de hoy y verás cómo ayudó el ángel de Dios a Daniel.

Historia bíblica

Daniel 6:11–28

Daniel era un hombre que amaba a Dios con todo su corazón. Oraba a Dios tres veces al día. El rey planeaba poner a Daniel a cargo de todo el reino. Eso hizo que algunos líderes sintieran celos y por eso engañaron al rey para que echara a Daniel en un foso de leones hambrientos.

Pero Dios envió a su ángel para que cuidara a Daniel. El ángel les cerró las bocas a los leones de manera que no pudieron morder a Daniel.

A la mañana siguiente, el rey ordenó que sacaran a Daniel del foso de los leones. Daniel estaba perfectamente bien porque había confiado en Dios.

Vamos a leer y a compartir

¡Hablemos de . . . !

★ ¿Qué le sucedió a Daniel?

★ ¿A quién mandó Dios para que ayudara a Daniel?

Comparte el amor de Dios

Haz un ángel para cada uno de los miembros de tu familia y para cada uno de tus amigos. Luego, cuéntales cómo nos cuidan los ángeles de Dios. Si haces eso estarás compartiendo con ellos el amor de Dios. Para cada ángel necesitarás dos filtros redondos de café, goma de pegar, colores y un pedazo de cartulina o fieltro.

1. **Alas:** Dobla un filtro por la mitad y ponlo a un lado.

2. **Cuerpo del ángel:** Dobla el segundo filtro de manera que forme un cono que se cierre por detrás. Pega los bordes con goma. Luego pega las alas al cono como se ilustra en la figura.

3. **Rostro del ángel:** Recorta un pequeño círculo de la cartulina o del fieltro y pinta en él un rostro. Pégalo en la parte superior del cono.

Oración

Amado Señor: Gracias por mandar ángeles para que me cuiden. Aunque no los puedo ver, sé que están ahí porque tu Palabra lo dice. Amén.

Obedeceré

Hijos, obedezcan a sus padres en todo, porque esto agrada al Señor.
—COLOSENSES 3:20

¿Alguna vez te pidieron tus padres que hicieras algo que realmente no tenías deseos de hacer? ¿Lo hiciste simplemente porque te lo pedían? Si fue así, ¡bien por ti! Eso es obedecer. Esta es una forma divertida de averiguar qué más sabes acerca de la obediencia.

PEQUEÑA PRUEBA DE OBEDIENCIA

[Responde: Verdadero o falso.]

1. Por lo general, cuando los niños desobedecen se ganan un helado.
2. Los adultos no tienen que cumplir las reglas.
3. Dios quiere que los hijos obedezcan a sus padres.
4. Dios quiere que todos lo obedezcan.
5. Se establecen reglas para mantenernos a salvo.

[1. F / 2. F / 3. V / 4. V / 5. V]

Jonás 1—3:10

Dios le había dicho a Jonás que fuera a la ciudad de Nínive y les predicara a las personas en ese lugar. Pero a Jonás no le agradaban esas personas así que desobedeció a Dios. Se subió a un barco que iba en dirección opuesta a Nínive. Mientras huía, una gran tormenta comenzó a hundir el barco. Todos estaban asustados por la tormenta.

Entonces Jonás les dijo a los marineros que lo lanzarán al mar y la tormenta iba a cesar. ¡Así lo hicieron y la tormenta cesó! Inmediatamente un gran pez se tragó a Jonás.

532

Dios permitió que Jonás estuviera en el estómago de aquel pez viejo, que olía muy mal, por tres días, hasta que oró a Dios y prometió que le obedecería.

Entonces el pez vomitó a Jonás en tierra firme. Jonás se fue directo a Nínive y les predicó a las personas de aquella ciudad.

Vamos a leer y a compartir

¡Hablemos de . . . !

★ ¿Por qué Jonás decidió desobedecer a Dios?

★ ¿Qué hizo Jonás?

★ ¿Qué hizo a Jonás cambiar de opinión y obedecer a Dios?

Comparte el amor de Dios

Algunas veces nosotros somos igual que Jonás: no queremos hacer lo que Dios nos pide. Los propósitos de Dios siempre son buenos. Él sabe todo acerca de ti. Y sabe que es lo mejor. Obedecer a Dios es una buena forma de mostrarle que lo amas. Ahora diviértete con este juego que solo puedes ganar si obedeces.

SIMÓN DICE

Para este juego se necesita a una persona que haga de Simón. Simón debe estar parado en frente del grupo. Nadie puede moverse hasta que Simón lo diga. Cuando él da una orden (como: «Simón dice que hagan un círculo»), todos deben cumplirla. Pero si Simón da una orden (como: «Dice que hagan un círculo») sin decir: «Simón dice», nadie se puede mover y el que lo haga, pierde. La última persona que quede jugando es la más obediente.

Oración

Querido Dios: Ayúdame a obedecer, aun cuando no tenga deseos de hacerlo. Amén.

534

La familia de Dios

Miren cuánto nos ama el Padre que somos llamados hijos de Dios.
—1 Juan 3:1

Hay familias de todo tipo. ¿Cómo describirías a tu familia? Las familias son importantes para Dios. Son tan importantes para Él que aun cuando Dios podía haber mandado a su Hijo a la tierra como un hombre, no lo hizo. Él envió a Jesús como un pequeño niño para que formara parte de una familia terrenal con María como su madre y José como su padre.

¿Sabías que cualquiera que cree en Jesús puede ser parte de la familia de Dios? ¡Vaya! ¡Esa sí que es una familia grande! Piensa en todas las personas que serían tus parientes si te unes a la familia de Dios. Podrías estar contando horas, días, meses, incluso años y aún así no lograrías contarlos a todos.

Lucas 1:26—2:52; Juan 19:25–27; Mateo 1:18—2:23

Cuando Dios determinó mandar a su Hijo al mundo, escogió a María y a José, una pareja que se iban a casar muy pronto. Dios envió a un ángel para que le dijera a María que iba a tener un hijo. Luego Dios envió un ángel para que hablara también con José y le dijera que debía hacer una casa para María y el niño. Jesús nació en Belén, y allí fueron los pastores y los hombres sabios a adorarlo.

Después Jesús vivió en Nazaret,
donde sus padres, María y José, lo
cuidaron hasta que se hizo
hombre. Y Jesús obedecía a sus
padres. Nunca se olvidó de ellos
ni del lugar seguro que le dieron
para vivir. Aun cuando estaba
muriendo en la cruz, Jesús pensó
en su madre.

Vamos a leer y a compartir

¡Hablemos de . . .!

* ¿Quiénes fueron los padres de Jesús en la tierra?
* ¿Cómo se comportó con ellos?

Comparte el amor de Dios

¿Verdad que es maravilloso saber que puedes formar parte de la familia de Dios? Diviértete haciendo un árbol genealógico, incluye en él algunos de los personajes de la Biblia que también son hijos de Dios. Recuerda incluirte también a ti. Este es un ejemplo:

Dios el Padre

↓

Jesús el Hijo de Dios

↓

Otros hijos de Dios . . .
(Noé, Abraham, Moisés, María, José y otros creyentes)

↙ ↓ ↘

——————, ——————, ——————

↓

Y yo.

Oración

Amado Señor: Gracias por hacer una familia muy grande con todos los que creen y por invitarnos a todos a formar parte de tu familia. Amén.

El cumpleaños de Jesús

¡Gracias a Dios por el regalo tan maravilloso que nos ha dado, y que no podemos expresar con palabras! —2 Corintios 9:15

Cuando reflexionas en la Navidad, ¿piensas en árboles y regalos? ¿Sabías que la Navidad es el tiempo en que muchos cristianos celebran el nacimiento de Jesús? Es cierto, durante ese tiempo los cristianos hacen una gran fiesta por el cumpleaños de Jesús. Hace muchos años, cuando Jesús nació, algunos pastores recibieron la noticia a través de un mensajero de Dios; un ángel. Y aún hoy nosotros cantamos acerca de lo que los ángeles dijeron. Entona la canción que tenemos a continuación:

ÁNGELES CANTANDO ESTÁN

Oh, venid pronto a Belén
Para contemplar con fe
A Jesús, autor del bien,
Al recién nacido Rey.
—George P. Simmonds (selección)

Lee la historia bíblica de hoy y descubre qué pensaron los pastores cuando vieron al ángel y cómo encontraron al niño Jesús.

Lucas 2:8–20

La mejor noticia en todo el mundo llegó a los pastores cuando cuidaban sus ovejas. De repente, un ángel en una luz resplandeciente apareció para decirles algo maravilloso. Cuando los pastores vieron al ángel tuvieron miedo.

«¡No tengan miedo!», les dijo el ángel. «Les traigo buenas noticias. Su Salvador ha nacido en Belén esta noche. Él es Cristo el Señor. Lo encontrarán envuelto en pañales y acostado en un pesebre».

Entonces un grupo muy grande de ángeles se unió al primer ángel. Todos ellos alabando a Dios. Cuando los ángeles volvieron al cielo, los pastores fueron hasta Belén y encontraron a María y José y vieron al bebé acostado en un pesebre. Tal como el ángel les había dicho.

Vamos a leer y a compartir

¡Hablemos de . . . !

★ ¿Quiénes escucharon la noticia del nacimiento de Jesús mientras cuidaban las ovejas?

★ ¿Quién les dio la noticia?

Comparte el amor de Dios

La Navidad es una de las mejores épocas del año para compartir el amor de Dios. Haz algunas tarjetas de Navidad para tu familia y amigos. Dibuja en ellas los siguientes gráficos:

✤ ángeles,
✤ pastores,
✤ niño Jesús.

Así tus tarjetas servirán para contarles a otros sobre las buenas nuevas del nacimiento de Jesús. Si hay otras personas haciendo tarjetas contigo, compartan lo que ustedes hubieran pensado si fueran uno de aquellos pastores y el ángel que se les apareció.

Oración

Amado Jesús: Gracias por venir a salvarme. Te amo. Amén.

El cumplimiento de la promesa de Dios

«Dios amó tanto al mundo, que dio a su único Hijo, para que todo el que cree en él no se pierda, sino tenga vida eterna». —JUAN 3:16

Cuando haces una promesa, ¿la cumples? Dios sí cumple sus promesas. Cuando Él dice que algo va a suceder, sin dudas así será. La mayor promesa de Dios fue que nos enviaría a su Hijo Jesús. Dios nos dijo cómo vendría a la tierra y lo que iba a hacer. Cada una de esas promesas se cumplió.

LO QUE DIOS PROMETIÓ

- Jesús nacería en Belén (Miqueas 5:2)
- Jesús entraría a Jerusalén montado en un burrito (Zacarías 9:9)
- Jesús moriría por nuestros pecados (Isaías 53:4–5)

Lucas 2:1–7; 19:29–38; Mateo 27:35, 45–50

María y José vivían en Nazaret. Justo antes de que Jesús naciera, ellos tuvieron que ir a Belén. Mientras estaban allí, Jesús nació tal como Dios lo había prometido.

Cuando Jesús fue un adulto, se montó en un burrito y entró en Jerusalén. La multitud de sus seguidores dijo: «¡Bendito el rey que viene en el nombre del Señor!»

Más tarde, Jesús fue arrestado y clavado en una cruz donde murió por nuestros pecados.

Vamos a leer y a compartir

¡Hablemos de . . . !
★ ¿Dónde vivían María y José?
★ ¿Dónde había dicho Dios que nacería Jesús?
★ ¿Qué sucede cuando Dios hace una promesa?

Comparte el amor de Dios
Aquí te enseñamos una forma divertida de mostrar el amor de Dios.
Haz un libro de promesas y escribe en él algunas promesas de la
Biblia. Para comenzar lee las promesas de Dios que aparecen en
estos versículos y escríbelas en tu libro.

Juan 3:16

1 Juan 1:9

Filipenses 2:12

Proverbios 3:6

Salmo 46:1

Josué 1:9

Santiago 5:16

Santiago 1:5

Oración
Amado Señor: Gracias por cumplir tus promesas.
Ayúdame a aprender más acerca de ti y de tus promesas. Amén.

Uno de los Diez Mandamientos de Dios

Hijos, obedezcan a sus padres, pues esto es lo que deben hacer los que pertenecen al Señor. —Efesios 6:1

¿Sabías que honrar a tus padres es uno de los Diez Mandamientos de Dios? ¿Qué significa «honrar»? La respuesta es sencilla: Honras a tus padres cuando les obedeces, cumples sus reglas y te portas bien, aun cuando no estén cerca.

¿En qué medida honras a tus padres? Responde «sí» o «no» a las siguientes preguntas:

1. ¿Te gusta pasar tiempo con ellos?
2. ¿Obedeces a tus padres?
3. ¿Usas las palabras «por favor» y «gracias» con tus padres y con otras personas?

Si respondiste «sí» a cada pregunta, lo estás haciendo muy bien. Si respondiste alguna con un «no», pregúntales a tus padres qué puedes hacer para convertir ese «no» en un «sí».

Lucas 2:41–52

Cuando Jesús tenía doce años fue con sus padres al templo en Jerusalén. Pronto llegó la hora de regresar a casa. Así que cada uno empacó sus cosas y salieron rumbo a Nazaret.

Al principio María y José pensaron que Jesús viajaba con algunos familiares y amigos. Luego se dieron cuenta de que no estaba con ellos y regresaron a Jerusalén. Allí lo encontraron conversando con algunos maestros religiosos en el templo como si fuera uno de ellos.

Entonces María y José se acercaron a Jesús y le dijeron que era hora de regresar. Él los honró obedeciéndoles. Jesús dejó a los maestros y regresó a casa donde continuó aprendiendo y creciendo para obedecer a sus padres y agradar a Dios en todo lo que hacía.

Vamos a leer y a compartir

¡Hablemos de . . . !
- ★ ¿Cuál es el mandamiento de Dios con respecto a los padres?
- ★ ¿Qué estaba haciendo Jesús en el templo?
- ★ ¿Cómo honró Jesús a sus padres?

Comparte el amor de Dios

¡Piensa en esto! Jesús también fue un niño como tú, con padres terrenales. Es difícil imaginarlo, ¿verdad? Honrar a tus padres es algo que puedes hacer para parecerte aun más a Jesús. ¿Sabes cuáles son las palabras preferidas de tus padres? Te diré cuáles son:

«¡TE AMO!»

A todas las madres y padres les gusta escuchar esas palabras. ¿Puedes decírselas ahora y darles un abrazo?

Oración

Amado Dios: Por favor, ayúdame a ser el niño que tú quieres que sea. Ayúdame a honrar a mis padres. Amén.

Dile «No» a la tentación

Y ya que él mismo [Jesús] sufrió la tentación, puede ahora ayudar a los que son tentados. —Hebreos 2:18

Cuando somos tentados, es como si alguien nos diera un golpecito en el hombro para llevarnos a hacer algo que sabemos que no debemos hacer. Si alguna vez tuviste deseos de tomar a escondidas una galletita muy rica cuando te habían dicho que debías esperar, estabas siendo tentado. Si en algún momento quisiste jugar con tus amigos cuando te habían dicho que limpiaras tu cuarto, es porque estabas siendo tentado.

No es extraño que todos seamos tentados. Aun Jesús lo fue. Lee la historia bíblica de hoy y descubre cómo fue tentado Jesús. Lo más importante es alejarse de la tentación y HACER LO CORRECTO.

551

Mateo 4:1–11

Cuando Jesús fue tentado se encontraba solo en el desierto. Estaba muy hambriento y cansado cuando Satanás se le acercó para tentarlo a hacer lo malo.

Primero, Satanás le dijo: «Haz que estas piedras se conviertan en pan». Pero Jesús había estudiado la Palabra de Dios y recordaba lo que había aprendido en las Escrituras. Por eso le dijo: «Para vivir no solo es importante el pan: debemos obedecer todo lo que manda Dios».

Entonces Satanás lo llevó a la parte más alta del templo y le dijo: «Tírate desde aquí. Las Escrituras dicen que Dios enviará a sus ángeles a cuidarte». Jesús le respondió: «Pero las Escrituras también dicen: "No pongas a prueba a tu Dios"».

Luego Satanás llevó a Jesús a la cima de una montaña alta y le mostró todos los reinos del mundo. «Todo esto te lo daré si de rodillas me adoras», le dijo Satanás. Pero Jesús le respondió: «¡Vete de aquí Satanás! Las Escrituras dicen: "Solo al Señor tu Dios adorarás"». Entonces Satanás se alejó.

Vamos a leer y a compartir

¡Hablemos de . . . !

★ ¿Cómo se sentía Jesús cuando Satanás se le acercó para tentarlo?
★ ¿Hizo Jesús lo correcto o lo incorrecto?

Comparte el amor de Dios

Al igual que Jesús, tú también puedes decir «No» a la tentación. Esta es una manera divertida de ayudarte a recordar que debes decir «¡No!»:

> *Digamos: «¡No! ¡No! ¡No!» bien claro,*
> *No finja que no está aquí.*
> *Usted sabe qué es bueno y qué es malo.*
> *Escúchelo, créalo, sea fuerte.*
> *Deseche la tentación como debe hacerlo.*
> *Luego bendiga al Señor por todo lo bueno.*
> *—June Ford*

Ahora, comparte el amor de Dios con tu familia y con tus amigos al contarles sobre tres ocasiones en que le has dicho «No» a la tentación.

Oración

Amado Dios: A veces es difícil hacer lo correcto. Por favor, ayúdame a decir «No» a la tentación y hacer lo correcto. Amén.

554

Cuando estás enfermo

La oración que hagan con fe sanará al enfermo y el Señor lo levantará.
—Santiago 5:15

¿Te has enfermado alguna vez? No es bueno, ¿verdad? Pero podemos pedirle hoy a Jesús que nos sane cuando estemos enfermos. Él sabe las medicinas que necesitamos y los médicos que pueden ayudarnos. Él nos dio familia y amigos que nos cuidan. Él puso en la tierra alimentos como frutas y vegetales para alimentarnos. También nos dio muchas maneras de hacer ejercicios: caminar, correr, saltar y escalar. Además, nos dio una manera de descansar nuestro cuerpo mediante el sueño. Así que aunque no vemos a Jesús, Él puede sanarnos. Lee la historia bíblica de hoy y verás cómo sanó a un niño sin verlo.

Finge que alguien de tu familia está enfermo. Puede ser tu mamá, tu papá, tu hermano o tu hermana, y hasta uno de tus juguetes. ¿Qué necesitas para atender a esa persona?

Historia bíblica

Juan 4:46–53

Un día, exactamente a la una de la tarde, un hombre importante del gobierno le rogó a Jesús que viniera a sanar a su hijo. El niño estaba muy, pero que muy, enfermo en otro pueblo. Jesús sabía que no necesitaba ir. Así que le dijo al padre: «Regresa a casa, que tu hijo vive». El hombre le creyó y se fue a casa.

Antes de llegar a su casa, sus sirvientes le salieron al encuentro y le dijeron que su hijo estaba bien. Entonces el papá preguntó a qué hora su hijo había comenzado a sentirse mejor. Los criados respondieron: «Ayer a la una de la tarde se le quitó la fiebre». El padre del muchacho sabía que esa era la hora exacta en que Jesús le había dicho: «Tu hijo vive». Ahora no solamente ese hombre creía en Jesús, también todos los que vivían con él creyeron en Jesús.

557

Vamos a leer y a compartir

¡Hablemos de . . . !

★ ¿Qué hizo Jesús cuando el hombre le pidió que sanara a su hijo?

★ ¿Quiénes creyeron en Jesús?

Comparte el amor de Dios

A nadie le gusta estar enfermo, pero es bueno saber que Jesús puede ayudarnos aun cuando no lo podemos ver. Ahora diviértete un poco mientras descubres cuánto conoces acerca de lo que puedes hacer para mantenerte saludable.

> ### PEQUEÑA PRUEBA DE SALUD
>
> [Responde: Verdadero o falso.]
>
> Para mantener tu cuerpo fuerte y saludable debes:
>
> 1. Comer caramelos y galletas tres veces al día.
> 2. Acostarte temprano y dejar que tu cuerpo descanse.
> 3. Echarle helado a tus vegetales.
> 4. Hacer ejercicios todos los días.
> 5. Montar bicicleta o jugar al aire libre.
> 6. Nunca cepillarte tus dientes.

[1. F / 2. V / 3. F / 4. V / 5. V / 6. F]

Oración

Amado Señor: Ayúdame a alimentarme y a dormir bien para estar saludable. Amén.

558

Sé colaborador

Pero confía en el Señor. Sé generoso y bueno. —Salmo 37:3

Tú puedes ser colaborador. No importa si eres muy, muy joven, o muy, muy anciano. Piensa en algunas de las formas en que puedes ayudar a los demás. La historia que leerás a continuación se trata de una niña llamada Laura que buscó la manera de ser una gran ayuda para su madre.

La mamá de Laura acababa de tener un niño. Ahora Laura tenía un hermanito y su mamá tenía mucho trabajo. Una noche mientras su madre preparaba la cena, Laura pensó en una manera de ayudar a su mamá. Así que se acercó a su hermanito pequeño y comenzó a hablarle, haciéndolo sonreír y mover sus piecitos. Ella lo mantuvo entretenido mientras su mamá terminaba la cena.

«Gracias por ser una gran ayuda, Laura», le dijo su madre.

A Laura le gustaba mucho ayudar.

Dios quiere que tú también seas colaborador. Descubre en la historia bíblica de hoy cómo un pequeño niño ayudó a Jesús.

559

Juan 6:1–14; Mateo 14:13–21

Un día una multitud siguió a Jesús para ver sus milagros y escuchar sus enseñanzas acerca del amor de Dios. Para cuando llegaron donde estaba Jesús, era tarde en el día. Eran más de cinco mil personas hambrientas. Pero allí no había comida, excepto cinco panes pequeños y dos pescados pequeños que un niño había traído. El niño les dio sus panes y sus pescados a los ayudantes de Jesús.

Jesús le dio gracias a Dios por la comida del niño y dio a todo el mundo allí tanto como quisieran comer. Fue un milagro. Y hasta sobraron doce cestas de comida.

Vamos a leer y a compartir

¡Hablemos de . . . !
★ ¿Cómo ayudó el niño?
★ ¿Qué tenía el niño para almorzar?
★ ¿Qué hizo Jesús?

Comparte el amor de Dios
Tú puedes ayudar haciendo bocadillos para el almuerzo. Puedes hacer, por ejemplo, un bocadillo de atún. Pídele a un adulto que te ayude a preparar un bocadito para cada uno en casa. Y antes de comer, dale gracias a Dios por la comida.

> Dios es grande.
> Dios es bueno.
> Démosle gracias
> Por nuestra comida.
> —Tradicional

Mientras comen los bocadillos, cuéntale a tu familia cómo alimentó Jesús a más de cinco mil personas.

Oración
Amado Señor: Yo quiero ayudar a otros. Por favor, muéstrame la forma en que puedo ser útil. Amén.

No tengas miedo

En paz me acostaré y dormiré porque sólo tú, Señor,
me haces vivir seguro. —SALMO 4:8

¿Qué te hace sentir miedo? ¿Los ruidos extraños? ¿Las habitaciones oscuras?
¿Los lugares desconocidos? Todos tenemos miedo de algo. En la historia bíblica
de hoy veremos cómo aun los colaboradores de Jesús tuvieron miedo. Pero,
¿sabías que la mayoría de las cosas que nos dan miedo no son reales o no
suceden, como cuando escuchamos un ruido extraño y nos damos cuenta de
que era solo la rama de un árbol golpeando la casa? A continuación encontrarás
un versículo bíblico que puedes memorizar y decir cada vez que sientas miedo.

*Pero cuando tenga miedo,
pondré mi confianza en ti.*
—Salmo 56:3

563

Marcos 6:45–53

Un día Jesús les pidió a sus ayudantes que fueran a un pueblo al otro lado del lago. Les dijo que se les uniría más tarde. Los hombres hicieron como Jesús les pidió. Entraron en un bote y comenzaron a cruzar el lago. Un viento fuerte se levantó. El viento estalló con furia. ¡Ellos tenían mucho miedo! Remaron más y más duro hacia la costa, pero el viento los empujaba hacia el lago. Entonces vieron algo que les asustó aun más. Un hombre estaba caminando sobre el agua en dirección a ellos. Pero el hombre gritó: «No tengan miedo». Y se percataron de que era Jesús quien caminaba hacia ellos. Jesús subió al bote y, repentinamente, el viento se calmó. Los ayudantes estaban asombrados. Todo estaba bien porque Jesús estaba con ellos.

Vamos a leer y a compartir

¡Hablemos de . . . !

★ ¿De qué tuvieron miedo los ayudantes de Jesús?

★ ¿Qué hizo Jesús?

Comparte el amor de Dios

¿Sabías que la palabra «miedo» se menciona más de trescientas cincuenta veces en la Biblia? Pero lo más importante que debes saber es que, a pesar de lo que esté sucediendo, Jesús siempre está con nosotros.

DIVIÉRTETE AHORA DRAMATIZANDO LA HISTORIA

Dramatiza con tu familia la historia de los hombres en la barca y Jesús caminando sobre el agua. Imagina que el piso o la tierra es el agua. Puedes hacer el barco con almohadas o sillas. Cuando terminen la dramatización, digan todos juntos el Salmo 56:3: «Pero cuando tenga miedo, pondré mi confianza en ti». Finalmente, dales un abrazo a todos.

Oración

Amado Señor: Algunas veces siento miedo. Ayúdame a recordar que tú siempre estás conmigo. Y cuando tenga miedo, recuérdame que puedo pedirte ayuda. Amén.

¡Cristo me ama!

—No, no —intervino Jesús—. No impidan que los niños
vengan a mí. —MATEO 19:14

¿Verdad que es maravilloso saber que Jesús te ama? Él ama a todos los niños.
¿Quieres saber cómo podemos estar seguros de que Él nos ama? En esta
canción tienes una pista. Vamos a cantarla todos juntos.

CRISTO ME AMA

Cristo me ama, bien lo sé
Su palabra me hace ver,
Que los niños son de aquel,
Que es nuestro amigo fiel.

Cristo me ama, es verdad
Y me cuida en su bondad
Cuando muera, bien lo sé:
Viviré allá con Él.

Cristo me ama,
Cristo me ama,
Cristo me ama,
La Biblia dice así.

Historia bíblica

Mateo 19:13–15; Marcos 10:13–16; Lucas 18:15–17

Eran tantas las personas que querían ver a Jesús que lo estaban apretando. Eran personas enfermas y tristes, y también personas sanas y felices. Había personas que trajeron a sus niños para que conocieran a Jesús.

«No niños», dijeron a la gente los ayudantes de Jesús. «Él no tiene tiempo para ellos».

Jesús oyó lo que dijeron sus colaboradores y los detuvo de inmediato. «No impidan que los niños vengan a mí», les dijo Jesús y comenzó a bendecir a los niños.

Los niños son importantes para Dios. Los niños son importantes para Jesús. Él los ama. ¡Él te ama a ti!

Vamos a leer y a compartir

¡Hablemos de . . . !

* ¿Por qué los colaboradores de Jesús querían que los niños se fueran?
* ¿Qué les dijo Jesús a sus ayudantes?
* ¿Cómo sabes que Cristo te ama?

Comparte el amor de Dios

¿Sabías que cuando eres amable con los demás estás compartiendo el amor de Jesús? Puedes mostrar amabilidad con los demás de muchas maneras. Eres amable cuando:

✤ Ayudas a alguien
✤ Escuchas a alguien
✤ Invitas a alguien a jugar

Haz un dibujo en el que reflejes una manera en la que puedes mostrar el amor de Jesús a los demás.

Oración

Querido Jesús: Gracias por amarme tanto. Yo también te amo. Amén.

Las sorpresas de Dios

¡Vengan! ¡Vean las gloriosas hazañas de nuestro Dios! —SALMO 46:8

¿Cuáles son algunas de las sorpresas que más te gustan? ¿Un juguete nuevo? ¿Una visita al zoológico? Una de las cosas más emocionantes acerca de Dios es que nunca sabemos las maravillas que Él hará después. Pues así son las sorpresas de Dios para nosotros. Leamos ahora cómo sorprendió Dios a Samuel. Luego lee la historia bíblica y verás cómo sorprendió a Pedro.

Samuel estaba triste. Su abuelito había estadon enfermo por un largo tiempo y ya había comenzado a extrañarlo, extrañaba sus visitas y también los paseos que solían dar los dos juntos. En su cuarto, Samuel tenía un estante lleno de tesoros que él y su abuelito habían encontrado en sus caminatas, plumas, conchas, piedras raras y hasta un palo en forma de ese, que representa su nombre: Samuel. El abuelo llamaba a esas cosas las sorpresas de Dios.

Samuel estaba pensando en eso cuando, de repente, escuchó tres toques en la puerta y luego el timbre. Sin dudas, era el toque particular del abuelo. Así que corrió a la puerta. «¡Abuelo, tú eres la mejor de todas las sorpresas que Dios me ha dado!»

Mateo 17:24–27

Cuando Jesús vivía en la tierra, pagaba impuestos así como lo hace la gente hoy. Un día su amigo Pedro vino a decirle que no tenían dinero para pagar sus impuestos. Pero eso no era problema para Jesús.

Así que le dijo: «Vete al lago y atrapa un pez. Encontrarás una moneda en su boca. Usa esa moneda para pagar nuestros impuestos».

Pedro había pescado toda su vida y, sin duda, nunca había encontrado una moneda en la boca de un pez. A pesar de eso confió en Jesús. Y muy pronto atrapó un pez que tenía en su boca una moneda. Pedro usó esa moneda para pagar los impuestos.

Vamos a leer y a compartir

¡Hablemos de . . . !

★ ¿Qué necesitaban Jesús y Pedro?
★ ¿Qué le dijo Jesús a Pedro que hiciera?
★ ¿Cuál fue la gran sorpresa que se llevó Pedro?

Comparte el amor de Dios

Seguro que Pedro se quedó muy sorprendido cuando vio la moneda en la boca del pez. ¿Cómo te ves tú cuando estás sorprendido? Ponte frente a un espejo y pon cara de sorprendido. ¿Te hizo reír?

> ### ¡SORPRESA!
>
> Para que te diviertas más, involucra también a tu familia. Cuando digas «uno, dos, tres, ¡sorpresa!», ellos deben poner cara de sorprendidos y que alguien les tome una foto. Cuando les muestres la foto a otros cuéntales acerca de las sorpresas de Dios.

Oración

Amado Jesús: Gracias por compartir tu amor conmigo y por darme todo lo que necesito. Te quiero. Amén.

Jesús sana

«Al ciego . . . lo conducirá por sendas que nunca antes vio.
Ante ellos hará resplandecer las tinieblas».
—Isaías 42:16

Ser ciego significa que no puedes ver nada. Las personas ciegas desarrollan habilidades especiales que los ayudan a realizar las labores diarias. Algunas veces tienen un perro guía o un bastón grande y blanco con una punta roja que les indica cuándo deben subir o bajar, cruzar o dar la vuelta alrededor de cualquier obstáculo. El bastón sirve además para identificarlos.

Helen Keller era una mujer ciega y sorda que se convirtió en escritora y en una oradora famosa. En una ocasión ella dijo: «No existe mejor manera de agradecerle a Dios el regalo de la vista que ofrecerle tu mano a alguien en oscuridad».

575

Marcos 10:46–52

¡Jesús puede hacer cualquier cosa! Él puede sanar a los enfermos y devolverles la vista a los ciegos.

Un día una multitud seguía a Jesús. Al oír que Él estaba cerca, un hombre ciego que estaba sentado junto al camino empezó a gritar: «¡Jesús, Hijo de David, ten misericordia de mí!» Gritaba tan fuerte que algunos de la multitud le pidieron que se callara.

Jesús no le hizo caso a la multitud y le preguntó al hombre ciego: «¿Qué quieres que te haga?»

El hombre le respondió: «¡Quiero recobrar la vista!»

Entonces Jesús le dijo: «Estás sano porque creíste».

Ahora el hombre podía ver.

Vamos a leer y a compartir

¡Hablemos de . . . !

★ ¿Qué le preguntó Jesús al ciego?

★ ¿Qué hizo Jesús por él?

Comparte el amor de Dios

Comparte con tu familia o amigos la historia de cómo Jesús sanó al hombre ciego. Luego, para que entiendas mejor lo difícil que puede resultar ser ciego, haz el siguiente experimento.

¿QUÉ ES?

Para esta actividad vas a necesitar una bolsa y un pañuelo. Con la ayuda de un adulto, alguien debe escoger algunos objetos pequeños de uso diario como una piedra, unos lápices, una goma de borrar, un jabón, unos juguetes, ropas o libros, y debe colocarlos en la bolsa. (Ninguno de los que tengan los ojos vendados debe saber qué objetos hay en la bolsa.) Después la persona con la venda en los ojos debe sacar un objeto de la bolsa. Esa persona tendrá un minuto para decir de qué objeto se trata. Luego le toca a otra persona hacer el papel de ciego.

Oración

Amado Señor: Por favor, ayuda a aquellos que no pueden ver. Amén.

Sé un dador alegre

Dios ama al que da con alegría. —2 Corintios 9:7

¿Sabías que Dios quiere que le devolvamos una parte de aquello con lo que Él nos ha bendecido? Quizás digas: «Pero yo solo soy un niño. No tengo mucho dinero». ¿Sabes qué? El dinero no es la única forma de retribuirle a Dios por lo que nos da. Hay muchas otras maneras de dar y, lo más importante, es que lo hagamos con un corazón alegre.

Aarón, el amigo de Josué, había crecido mucho y ya su abrigo no le servía. Sus padres no tenían dinero para comprarle uno nuevo. Así que a Josué se le ocurrió una gran idea: usaría el abrigo viejo de su hermano mayor y así podría darle el suyo a su amigo Aarón. Tanto a sus padres como a su hermano y, por supuesto, también a Aarón y a Jesús, les gustó el plan del «dador alegre» de Josué.

Marcos 12:41–44

Jesús estaba en el templo mirando a la gente poner su dinero en la caja de las ofrendas. Los ricos echaban mucho dinero.

Luego, una mujer pobre que estaba detrás de la multitud se acercó y echó sus dos moneditas en la alcancía. Eran de muy poco valor.

Cuando Jesús la vio, les dijo a sus seguidores: «Esta mujer dio más que la gente rica porque ella dio todo el dinero que tenía para vivir».

Vamos a leer y a compartir

¡Hablemos de . . . !

★ ¿Quiénes dieron mucho dinero?
★ ¿Quién dio todo lo que tenía?
★ ¿Qué dijo Jesús sobre la ofrenda de ella?

Comparte el amor de Dios

Dios puede hacer cosas grandes con las pequeñas cosas que tú das, ya sea que des una moneda de poco valor o unas pocas horas de tu tiempo. Dar parte de tu tiempo para ayudar a otros se llama voluntariedad y es una buena manera de retribuir a Dios por todo lo que nos da. Pregúntales a tus padres qué puede hacer tu familia para ayudar a otros en tu comunidad. Quizá también puedas involucrar a tu iglesia haciendo una competencia el domingo con los chicos de tu clase. Puedes dividir el grupo en dos equipos y ver cuál de los dos puede reunir la mayor cantidad de enlatados para ayudar a los hambrientos en tu comunidad.

Oración

Amado Señor: Ayúdame a dar con un corazón alegre. Gracias por bendecirme de tantas maneras. Amén.

Jesús es poderoso

Porque clamé a él y él me respondió. Me libró de todos mis temores.
—Salmo 34:4

¿Sabías que las nubes pueden decirnos muchas cosas sobre el tiempo? Pero aun si aprendiéramos todo acerca de las nubes, no podríamos controlarlas ni controlar el tiempo. Solo Dios y Jesús pueden hacerlo. Lee la historia bíblica de hoy para que veas lo que hizo Jesús. La próxima vez que estés fuera de casa, prueba si encuentras alguna de las nubes que aparecen a continuación:

1. *Los cirros* son nubes altas y tenues que forman una línea parecida a la cola de un caballo. Esas nubes no pueden decirnos nada acerca del tiempo.
2. *Los cirrocúmulos* son nubes que se disponen en una fila de nubes blancas en el cielo. Significan un buen tiempo para el próximo día.
3. *Los nimboestratos* son nubes de precipitación cuyo color es gris oscuro. Significan: Saca tu sombrilla.
4. *Los cumulonimbos* son nubes tormentosas. Generalmente representan lluvia, truenos, relámpagos y granizo.

Marcos 4:35–41

Después de enseñar todo el día, Jesús se subió a una barca con sus amigos para cruzar el lago. Jesús estaba tan cansado que se quedó dormido. Todavía no habían cruzado el lago cuando se desató una fuerte tormenta. El viento comenzó a soplar de tal modo que las olas azotaban el barco y lo llenaban de agua. Daba miedo.

Finalmente, despertaron a Jesús porque tenían miedo. «Ayúdanos o nos hundiremos», le dijeron ellos. Jesús se levantó y, en vez de ayudarlos a remar, le habló a la tormenta: «¡Silencio! ¡Cálmate!», dijo. Entonces el viento cesó, las olas se calmaron y todos quedaron a salvo. Jesús es tan poderoso que los vientos y las olas le obedecen.

Vamos a leer y a compartir

¡Hablemos de . . . !

★ ¿Qué hizo Jesús cuando se subió al bote?

★ ¿Qué sucedió después?

★ ¿Qué le dijo Jesús a la tormenta?

Comparte el amor de Dios

Jesús es poderoso. Él calmó la tormenta muy fácil, como encender una luz. Si te acurrucas debajo de una colcha, se pondrá oscuro a tu alrededor y tal vez un poco espantoso. Pero si enciendes una linterna debajo de la colcha no sentirás miedo. Inténtalo y verás. Y la próxima vez que tú, tu familia o tus amigos miren las nubes, cuéntales cómo calmó Jesús la tormenta.

Oración

Amado Señor: Tú eres tan poderoso que puedes hacer cualquier cosa. Gracias por estar conmigo todo el tiempo. En los días soleados o tormentosos. Amén.

El buen pastor

«Yo soy el buen pastor. El buen pastor da su vida por las ovejas».
—Juan 10:11

¿Alguna vez has visitado un zoológico o una granja donde los guardas cuidan las ovejas? Hoy vamos a ver cómo un pastor cuida de sus ovejas cuando ellas se desvían y se pierden. Jesús es nuestro buen pastor. Algunas veces somos como ovejas. Nos alejamos y nos metemos en problemas. Nos olvidamos de seguir a Jesús, que nos cuida como un pastor cuida de sus ovejas. El Salmo 23 nos dice qué hace Jesús como nuestro buen pastor. A continuación tenemos solo el comienzo del salmo. Pídele a alguien que te ayude a buscarlo en la Biblia para que puedas leer el resto.

El Señor es mi pastor,
Nada me falta.
En verdes pastos me hace descansar,
Y me guía junto a arroyos tranquilos.
Me infunde nuevas fuerzas.
—Salmo 23 (selección)

Lucas 15:3–7

Jesús contó una historia acerca de un pastor que tenía cien ovejas. Cada noche, cuando el pastor traía las ovejas a casa, las contaba para asegurarse de que todas estuvieran allí.

Una noche después que había contado noventa y nueve, no quedaban más ovejas que contar. Se había perdido una. Inmediatamente el pastor dejó sus noventa y nueve ovejas a salvo en casa y fue a buscar a la oveja perdida. Buscó por todas partes, hasta que al fin la encontró.

El pastor estaba feliz. Puso la oveja en sus hombros, pues así era como los pastores cargaban las ovejas, y la llevó a casa. El pastor estaba tan contento que hizo una fiesta con sus amigos para celebrar que había encontrado su ovejita perdida.

Vamos a leer y a compartir

¡Hablemos de . . . !

★ ¿Quién es el buen pastor?
★ ¿Qué hacía el pastor cada noche?
★ ¿Qué hizo el pastor cuando encontró la oveja perdida?

Comparte el amor de Dios

¿Te alegra saber que Jesús nos cuida de la misma forma en que el pastor cuidó de su oveja? Hay un juego muy divertido que te ayudará a recordar que Jesús es nuestro buen pastor y que necesitamos seguirlo siempre, se llama «Sigue al pastor».

SIGUE AL PASTOR

Escoge a alguien para que haga el papel de pastor, luego hagan una fila detrás de él. El pastor dirá: «Síganme» y luego hará algún movimiento como levantar sus manos o caminar hacia atrás. Todos deberán hacer exactamente lo mismo que el pastor. Después que el pastor haga tres movimientos diferentes se colocará al final de la fila y la persona que quede de primero será entonces el pastor. Cuando todos hayan tenido la oportunidad de ser el pastor, aplaudan y comiencen otra vez.

Oración

Amado Jesús: Estoy muy feliz porque sé que tú me cuidas. Gracias porque cuando olvido que debo seguirte y me alejo de ti, tú me buscas. Ayúdame a amarte y a obedecerte. Amén.

590

Perdonado

«Cualquiera que crea en él [Jesús], alcanzará el perdón de los pecados . . . .» —Hechos 10:43

¿Alguna vez hiciste o dijiste algo que sabías que estaba mal? Jaime lo hizo.

Sus padres le habían prohibido lanzar su pelota de fútbol por la casa, pero de todas formas lo hizo. La pelota dio contra la pared y . . . ¡catapún! La mamá de Jaime entró corriendo a la habitación.

«Mamá, rompí tu lámpara. Lo siento. ¿Me perdonas?», preguntó Jaime.

«Sí», le respondió ella. «Pero haber desobedecido las reglas tiene consecuencias. Voy a guardar la pelota y no te la daré hasta que pasen dos días». Jaime ayudó a limpiarlo todo. Y cuando su mamá acabó, le dio un fuerte abrazo.

Esta es una noticia muy buena. No importa cuán malos hayamos sido nosotros, Dios nos perdona si se lo pedimos.

591

Lucas 15:11–24

Había un hombre que tenía dos hijos. Un día el más joven decidió pedir por adelantado el dinero que sería suyo cuando su padre muriera. Su padre le dio el dinero. Entonces el hijo se fue a otro país y lo gastó todo en cosas que no tenían valor. Después que se le acabó el dinero, se quedó solo y tuvo hambre. Consiguió un trabajo alimentando cerdos. Pero tenía tanta hambre que hasta pensó comerse la comida de los cerdos.

Entonces se dio cuenta de que los sirvientes de su padre tenían más comida que él y decidió volver a casa. Cuando llegue le diré a mi padre que estoy arrepentido y le preguntaré si puedo ser al menos un sirviente, pensó el joven y se fue a casa. Para su sorpresa, cuando su padre lo vio, le dio un fuerte abrazo y le perdonó todo lo que había hecho.

Vamos a leer y a compartir

¡Hablemos de . . . !

* ¿Qué le pidió el hijo menor a su padre?
* ¿Qué pasó con el dinero del hijo menor?
* Cuando el hijo regresó a casa, ¿qué hizo su padre?

Comparte el amor de Dios

¡Vaya! ¿Puedes imaginarte con tanta hambre como para desear la comida de los cerdos? Nos alienta saber que si lo arruinamos todo, como el joven de esta historia, le podemos pedir a Dios, nuestro Padre celestial, que nos perdone y Él lo hará. Dios es como el padre de esta historia bíblica. Él nos acepta tal y como somos cuando le pedimos perdón.

¿Has hecho algo malo? Habla con Dios ahora mismo y dile que estás arrepentido. Pídele que te perdone. Y recuerda que Dios quiere que perdones a los demás así como Él te perdona a ti.

Oración

Amado Señor: Te pido que me perdones por las cosas malas que he hecho. Ayúdame a hacer lo correcto. Amén.

594

Cuando Jesús lloró

Jesús lloró. —Juan 11:35

¿Alguna vez te has sentido triste por la muerte de un ser querido? Jesús sabe cuán triste nos sentimos cuando aquellas personas que queremos mueren. Lo sabe porque Él se sintió así cuando su amigo Lázaro murió. La Biblia dice que Jesús se sintió tan triste que lloró. Es normal que estemos tristes, e incluso que lloremos, pero hay algo bueno que podemos recordar: Un día veremos a esas personas que amamos en el cielo. Mientras tanto podemos recordar los buenos momentos que pasamos juntos. Y si esos gratos recuerdos nos hacen sonreír, eso también es normal.

*Las lágrimas caen como gotas
de lluvia
Cuando nuestros corazones
están tristes.
Jesús ve cada lágrima que
derramamos
Y se encarga de alegrar nuestros
tristes corazones.*
–Gwen Ellis

Juan 11:1–44

Jesús amaba a sus amigos Marta, María y Lázaro. Un día cuando Jesús no estaba, Lázaro se enfermó. Cuando Jesús escuchó que su amigo estaba enfermo, esperó dos días para iniciar su viaje para ver a sus amigos. Para cuando llegó, Lázaro había muerto hacía cuatro días. María, la hermana de Lázaro, le dijo: «Señor, si hubieras estado aquí, mi hermano no habría muerto». Jesús estaba tan triste que lloró. Entonces caminó a la tumba de Lázaro y le pidió a la gente que moviera la piedra de la entrada.

Jesús gritó: «¡Lázaro, sal de ahí!» ¡Y Lázaro salió de la tumba, envuelto en las vendas con que lo habían sepultado! ¡Estaba vivo y sano!

Vamos a leer y a compartir

¡Hablemos de . . . !

★ ¿Quién se enfermó?

★ ¿Qué hizo Jesús cuando se enteró de que su amigo Lázaro había muerto?

★ ¿Qué sucedió después?

Comparte el amor de Dios

¿Te sorprendiste cuando te enteraste de que Jesús lloró? ¿Qué te hace sentir triste? Cuando los amigos están contentos es fácil compartir su gozo. Pero cuando están tristes, es difícil compartir su tristeza. ¿Sabías que puedes ayudar a tus amigos en los momentos tristes haciendo cosas muy sencillas que les permitan saber que te preocupas por ellos?:

✤ Llévales unas galletitas que hayas ayudado a preparar.

✤ Escúchalos.

✤ Sé amable con ellos.

✤ Siéntate a su lado.

✤ Ora con ellos y por ellos.

Si eres tú el que se siente triste dile a un adulto, habla con Jesús y deja que tus amigos te animen.

Oración

Amado Señor: Sé que es normal que algunas veces me sienta triste. Gracias por los gratos recuerdos que tengo de aquellos que se han ido al cielo para estar contigo. Amén.

Un corazón agradecido

Den gracias al Señor, porque él es bueno, su gran amor
durará por siempre. —Salmo 107:1

¿Alguna vez alguien te ha agradecido por algo que le diste o que hiciste por
él o por ella? ¿Cómo te sentiste? Lo bueno acerca de la palabra «gracias» es
que hace sentir bien tanto a la persona que la dice como a aquella a quien se
le dice. Dios quiere que tengas un corazón agradecido como el hombre de la
historia bíblica que leeremos hoy. Muestra que eres agradecido practicando el
siguiente juego.

EL JUEGO DE DAR GRACIAS

Echa dentro de una bolsa varios cuadros de
papel de diferentes colores. Luego saca uno
de ellos y da gracias por algo que sea de ese
mismo color. Por ejemplo: Si el papel es
blanco, puedes agradecer por la
leche o por la nieve. Si
es verde, puedes
dar gracias por
la hierba o por
una camisa que
te guste mucho.

Lucas 17:11–19

Un día Jesús andaba por un camino y vio a diez hombres. Ellos no se acercaron a Jesús porque tenían una enfermedad de la piel llamada lepra. Así que le gritaron: «Por favor, ayúdanos». Entonces Jesús los sanó a todos. Mientras iban por el camino, el dolor y la hinchazón que tenían en la piel desaparecieron, lo que significaba que la lepra había desparecido. Estaban sanos.

Uno de ellos al ver su piel sana, regresó rápido donde estaba Jesús para darle las gracias. Solo este hombre volvió y le dijo a Jesús: «Gracias». Él tenía un corazón agradecido.

Vamos a leer y a compartir

¡Hablemos de . . . !

★ ¿Qué les pasaba a los diez hombres de la historia?
★ ¿Qué le pidieron a Jesús?
★ ¿Cuántos de ellos le dieron gracias a Jesús?

Comparte el amor de Dios

Si les agradeces a otros lo que hacen por ti, es porque tienes un corazón agradecido. Aquí te mostramos algo divertido que puedes hacer para compartir el amor de Dios con tu familia.

> Menciona, lo más rápido posible, todas las cosas por las que estás agradecido de cada miembro de tu familia.

Si quieres puedes hacer también una lista y usarla cuando ores. En tus oraciones menciona cada persona y las cosas que le agradeces.

Oración

Amado Señor: Gracias por mi familia. Estas son algunas de las cosas por las que estoy agradecido de cada miembro de mi familia . . . Amén.

Déjame servirte

Hagamos el bien a todos cada vez que se presente la oportunidad.
—GÁLATAS 6:10

«¿En qué puedo servirle?» ¿Dónde has escuchado estas palabras? Acaso ¿de parte de un mesero en un restaurante o de un dependiente en una tienda? ¿Sabías que Jesús quiere que todos encontremos la forma de servir a otros? No porque ese sea un trabajo, sino porque tenemos amor y bondad en nuestros corazones y pensamos en los demás.

Te presentamos una forma divertida para servir a otros. Ofrécete a servirles a la hora de la cena. Debes comenzar por decirles el menú a todos. Después que cada uno escoja lo que desea comer, anota sus pedidos y sírveles.

Juan 13:1–17

Durante los últimos días de Jesús en la tierra, Él y sus seguidores más cercanos tuvieron una cena. Era la época de la fiesta judía de la Pascua. Mientras cenaban, Jesús se levantó de la mesa, se quitó el manto y se ató una toalla a la cintura. Luego echó agua en un recipiente.

Entonces comenzó a lavar los pies polvorientos y, quizá mal olientes, de cada uno de sus amigos.

Hizo eso para enseñarles cómo servirse unos a otros. Si Jesús, que era el líder, pudo actuar como un siervo y lavarles los pies a sus seguidores, ellos debían también ayudar y servir a otros.

Vamos a leer y a compartir

¡Hablemos de . . . !
★ ¿Qué estaban haciendo Jesús y sus seguidores?
★ ¿Qué hizo Jesús durante la cena?

Comparte el amor de Dios
¿Qué puedes hacer para servir a otros en tu casa, iglesia y escuela? A continuación te damos algunas ideas, pero hay una trampita. ¿Puedes encontrar la idea que no es una forma de ayudar a los demás?

1. Recoge las hojas del patio de tu abuela con un rastrillo.
2. Come un pedazo de pastel de chocolate.
3. Regálale las ropas que ya no te sirven a otros que las necesiten.
4. Bríndate para alimentar al perro de tus vecinos mientras estén de vacaciones.

(¿Escogiste la segunda idea como la única que no es una forma de ayudar a los demás? Si fue así, acertaste y vas bien en el propósito de servir a otros.)

Oración
Querido Señor: Si tú puedes ser servidor de otros, ayúdame a mí también a encontrar la forma de servir a los demás. Amén.

¡Jesús resucitó!

«Dios había prometido que lo levantaría [a Jesús] de entre los muertos».
—Hechos 13:34

Hermosos huevos y lindos conejitos. ¿Es eso lo primero que viene a tu mente cuando piensas en la resurrección? ¿Sabes qué? La celebración del domingo de resurrección es mucho más importante. Es el día en que los cristianos celebran la resurrección de Jesús. ¡Es cierto! Jesús volvió a vivir para mostrarnos que es nuestro Salvador, y que si creemos en Él, cuando nos llegue la muerte viviremos con Él en el cielo.

¡Él resucitó! ¡Sí, resucitó!
Aleluya ¡Cristo resucitó!
—Robert Lowry (1874)
Adaptado de «Up from the Grave He Arose»

Historia bíblica

Mateo 27—28:10

Después que Jesús murió en la cruz, sus amigos estaban muy tristes. Colocaron su cuerpo dentro de una tumba. Entonces rodaron una piedra pesada y grande sobre la entrada de la tumba. Los soldados romanos vinieron y sellaron la piedra para que nadie la abriera e hicieron guardia ante la tumba.

Al tercer día de la muerte de Jesús, algunas mujeres fueron a su tumba. Cuando llegaron, no podían creer lo que veían. La piedra había sido movida de su lugar y un ángel de Dios estaba sentado sobre ella. La tumba estaba vacía. El ángel dijo: «No tengan miedo. Jesús está vivo. Díganles a sus seguidores que le verán en Galilea». Las mujeres se apresuraron a decirles a los demás las buenas noticias: ¡Jesús resucitó!

609

Vamos a leer y a compartir

¡Hablemos de . . . !

★ ¿Qué le sucedió a Jesús en la cruz?
★ ¿A dónde fueron las mujeres?
★ ¿Qué dijo el ángel?

Comparte el amor de Dios

Estás contento porque Jesús resucitó para ser nuestro Salvador, de manera que nosotros podamos vivir con Él en el cielo algún día. Esta es una manera divertida para celebrar que Jesús resucitó, aun si el domingo de resurrección no está cerca cuando leas esto. Pídele a un adulto que hierva algunos huevos y te ayude a teñirlos. Antes de echar los huevos en el colorante, escribe en cada uno de ellos el nombre de la persona a quien se lo vas a dar. Después que los huevos estén secos, dale a cada persona el que le corresponde y dile: «Aleluya, ¡Jesús resucitó!»

> ### COLORANTE PARA LOS HUEVOS DE RESURRECCIÓN
>
> Para teñir los huevos, añádele a 3/4 taza de agua caliente 1/4 de cucharadita de colorante para comida. Luego añade una cucharada grande de vinagre blanco al agua y revuélvelo.

Oración

Amado Señor: Estoy muy feliz porque estás vivo. Gracias por hacer posible que yo vaya al cielo. Amén.

610

¡Buenas noticias!

«¡Qué hermosos son los pies de los que proclaman las buenas noticias!» —ROMANOS 10:15

¿Qué tipo de noticias escuchaste hoy? ¿Buenas o malas? Diviértete mientras seleccionas cuáles de las siguientes noticias de última hora son buenas (B) y cuáles son malas (M). Luego confirma tus respuestas con las que aparecen a continuación.

NOTICIAS DE ÚLTIMA HORA

1. Una tormenta se llevó el techo de nuestra casa.
2. Hoy hicimos un muñeco de nieve.
3. Nuestra perra tuvo cuatro cachorros.
4. A Julia le duele la garganta.

[1. M / 2. B / 3. B / 4. M].

Ahora te daremos la mejor noticia que el mundo ha escuchado: Jesús es el Hijo de Dios, Él murió para salvarnos del pecado. Cuando les hablamos a otros de Jesús, estamos compartiendo las buenas nuevas.

Historia bíblica

Hechos 8:26–40

Felipe era uno de los seguidores de Jesús. A él le gustaba contarles a otros las buenas nuevas acerca de Jesús. Un día, un ángel le habló a Felipe y le dijo que fuera por el camino del desierto. En el camino Felipe se encontró con un hombre muy importante de Etiopía. El hombre iba sentado en su carruaje, leyendo el libro de Isaías. Entonces Felipe corrió al lado del carruaje y le preguntó al hombre si entendía lo que estaba leyendo.

El hombre le respondió que no y le pidió a Felipe que le explicara. Entonces Felipe le contó las buenas nuevas de Jesús. El etíope creyó lo que Felipe le había dicho y le pidió que lo bautizara. Después que lo bautizó, Felipe se fue a contarles a otros las buenas nuevas.

Vamos a leer y a compartir

¡Hablemos de . . . !

★ ¿Qué le dijo Felipe al hombre?
★ ¿Qué le pidió el hombre a Felipe?

Comparte el amor de Dios

Felipe compartió las Buenas Nuevas acerca de Jesús, y tú también puedes hacerlo. Esta es una manera divertida para practicar.

CUENTA LAS BUENAS NUEVAS

Finge que eres un reportero de la televisión, busca un micrófono y cuéntales con tus propias palabras las buenas nuevas de Jesús a tu familia y a tus amigos. Asegúrate de contar toda la historia y cómo envió Dios a Jesús para limpiarnos de nuestros pecados, cómo murió Jesús en la cruz, cómo lo enterraron y cómo volvió a vivir para que nosotros tuviéramos un hogar en el cielo cuando muramos.

Oración

Amado Señor: Quiero compartir las buenas noticias acerca de Jesús con todos. Amén.

Una vida que resplandece

Porque Cristo murió por los pecados una vez y para siempre.
—1 Pedro 3:18

¿Alguna vez le has hablado a alguien de Jesús? ¿Le has contado cómo murió Él para salvarnos de nuestros pecados? Jesús quiere que les digamos a otros que Él les ama y que los salvará también a ellos. Otra manera de mostrar a los demás cómo los ama Jesús es por medio de nuestras acciones. Cuando vivimos una vida agradable a Dios siendo amables con otros, somos como una luz que alumbra en la oscuridad y muestra a los demás el camino a Jesús.

LA ORACIÓN DE UN NIÑO

Dios, haz de mi vida una luz,
Que resplandezca en el mundo;
Una diminuta pero brillante llama
Dondequiera que vaya.
—M. Betham-Edwards

615

Hechos 16:12–15

Después de que Pablo se convirtió en un seguidor de Jesús, fue por todas partes diciéndoles a las personas las buenas nuevas acerca de Jesús: Que Jesús era el Hijo de Dios y cómo murió en la cruz por nuestros pecados.

Un día Pablo conoció a una mujer llamada Lidia. Su trabajo era vender telas de púrpura. Ella amaba a Dios, pero no conocía a Jesús.

Pablo le contó a Lidia quién era Jesús y lo que había hecho por ella. Lidia creyó lo que Pablo le dijo y se bautizó. Después todos en su casa creyeron y se bautizaron también.

Vamos a leer y a compartir

¡Hablemos de . . . !

★ ¿Por qué murió Jesús en la cruz?

★ ¿Cómo podemos hacer que los demás sepan esta buena noticia?

Comparte el amor de Dios

La noticia de que Jesús nos salva de nuestros pecados es demasiado buena como para no compartirla con otros. Una manera divertida de compartir esta noticia es hacer un libro de dibujos y mostrárselo a tu familia y amigos cuando les cuentes acerca de Jesús.

Página 1: Dibuja una persona con el rostro triste y un corazón sucio y oscuro. Esta página simboliza el corazón de una persona sin Jesús. Esos corazones están sucios por el pecado.

Página 2: Dibuja una cruz roja. Esa cruz simboliza a Jesús muriendo por nuestros pecados.

Página 3: Dibuja a una persona con un corazón limpio. Cuando recibimos a Jesús en nuestros corazones, Él quita todo el pecado y nos da un corazón limpio y nuevo.

Página 4: Dibuja una casa con un color amarillo dorado. La casa representa la mansión que Jesús está preparando en el cielo para todos los que creen en Él.

Oración

Amado Señor: Creo que tú eres el Hijo de Dios. Gracias por morir por mí para que algún día yo pueda vivir contigo en el cielo. Amén.

618

Cuando no debemos reírnos

No dejes que se sonrían burlonamente los que me odian sin motivo.
—SALMO 35:19

A veces la gente se ríe cuando no debe. ¿Se burló alguien de ti alguna vez cuando estabas hablando en serio? Si fue así, ¿cómo te sentiste? Mal, ¿verdad? ¿Sabías que Dios conoce cómo nos sentimos cuando alguien se burla de nosotros o nos insulta? Eso lo hace sentir triste a Él también. Las personas se burlaron hasta del apóstol Pablo porque no creían lo que él decía acerca de Jesús. Descubre en la historia bíblica de hoy por qué las personas se burlaron del apóstol Pablo.

Me reí cuando mi hermana
Se cayó de la escalera.
La llamé un torpe osito de peluche.

Cuando mi hermanito
Dañó su trineo,
Me reí y me reí hasta ponerme rojo.

Pero un día,
Me caí en el barro.
¡Qué ruido hice!

Mis amigos se rieron mucho
Y me dijeron: «¡Para que veas!»
No fue nada divertido cuando ellos se
    rieron de mí.
—June Ford

Hechos 17:16–34

El apóstol Pablo fue un predicador que viajó por todos lados para decirles a las personas las buenas nuevas acerca de Jesús. Un día él estaba en Atenas, la capital de Grecia. Había un lugar en Atenas llamado el Areópago. Los hombres iban allí para conversar y discutir acerca de todo. Pablo vio un altar que habían construido. En él decía: «Al Dios desconocido».

Entonces, Pablo comenzó a contarles acerca de nuestro Dios y cómo Él levantó a Jesús de entre los muertos. Pablo les dijo que ellos también podían conocer a Dios. Algunos de ellos comenzaron a burlarse de Pablo. Esas personas no estaban dispuestas a creer en Dios y Pablo no podía hacerlos cambiar de opinión.

Vamos a leer y a compartir

¡Hablemos de . . . !
* ¿Quién era Pablo?
* ¿Qué les dijo Pablo acerca de «Al Dios desconocido»?
* ¿Por qué algunos se burlaron de Pablo?

Comparte el amor de Dios
¿Te has comportado alguna vez como esas personas que se burlaron de Pablo? ¿Te has burlado de alguien porque no le creías? ¿Cómo te sentirías si luego descubres que lo que esa persona decía era cierto? ¿Cómo te hubieras sentido tú si estuvieras en el lugar de Pablo y se burlaran de ti? Cuenta una historia en la que muestres cuándo no debemos reírnos, por ejemplo, cuando alguien se ríe con malicia. Después cuenta otra historia con la que podamos reírnos sanamente.

Oración
Querido Señor: Tú sabes que los que acosan a los demás hacen daño. Enséñales a ser amables. Amén.

622

Una tormenta inesperada

Anímense y sean fuertes todos ustedes que confían en el Señor.
—Salmo 31:24

Cuando tenemos esperanza, creemos que todo resultará para bien. Dios nos da esperanza porque Él siempre hace lo que es mejor para nosotros, y también quiere que demos lo mejor de nosotros. Tenemos esperanza porque confiamos en Él.

Las mellizas Carmen y Carolina estaban paradas en el pasillo de la escuela mientras observaban los copos de nieve que el viento frío lanzaba en el exterior. De pronto, una tormenta de nieve las atrapó y no estaban preparadas para regresar a su casa. «Vámonos antes de que el tiempo empeore», dijo Carmen. «Yo todavía espero que él venga», dijo Carolina. «Yo lo conozco».

En ese instante la puerta se abrió y allí estaba el papá de ellas con sus abrigos, gorras, guantes y botas de invierno. Con una sonrisa él preguntó: «¿Alguien necesita que lo lleven a casa?»

Historia bíblica

Hechos 27

El apóstol Pablo fue puesto en un barco grande rumbo a
Roma, Italia. Después de un tiempo en el mar, un viento fuerte
se levantó y sopló duro contra las velas del barco. La tormenta fue
tan mala que la gente en el barco perdió la esperanza de permanecer
con vida. Pensaron que morirían. Pero Dios envió un ángel a decirle a
Pablo que todos lo que navegaban con él se salvarían, pero el barco
chocaría y se perdería. Pablo les dijo lo que Dios había dicho. Él sabía
que Dios cumplía su promesa. Eso les dio esperanza a todos en el
barco. No estaban tan asustados. Cuando vino la mañana, el barco
golpeó contra un banco de arena cerca de una isla y se hizo pedazos. Los que
no podían nadar agarraron algo que los ayudara a flotar como un trozo de
madera y fueron hacia la costa de la isla. Todos se salvaron.

Vamos a leer y a compartir

¡Hablemos de . . . !

★ ¿Hacia dónde iba el apóstol Pablo en ese barco?

★ ¿Qué sucedió en el camino?

Comparte el amor de Dios

¡Dios es increíble! Había doscientas setenta y seis personas en ese barco con Pablo y todos sobrevivieron el naufragio. Si tú hubieras estado con Pablo en ese barco, ¿cómo te habrías sentido cuando él dijo que no iban a morir?

> ### DRAMATIZA LA HISTORIA Y DIVIÉRTETE
>
> Usa algo como una frazada, sábana, cordel o manguera de jardinería para hacer el barco. Pon en el barco almohadas, cajas y canastas. Escoge algo como una pared exterior o la parte de atrás de un sofá para simular la costa de la isla. Escoge a alguien para que haga de Pablo. El resto de la familia pueden ser los marineros y otros pasajeros del barco. Métete en el barco y dramatiza la historia mientras alguien la lee.

Oración

Amado Señor: Por favor, ayúdame siempre a tener esperanza y saber que tú eres más poderoso que cualquier cosa que me pueda pasar en mi vida. Amén.

Un hogar en el cielo

«Ningún mortal ha visto, ni oído, ni imaginado las maravillas que Dios tiene preparadas para los que aman al Señor». —1 Corintios 2:9

Jesús nos ha dado muchas promesas, pero la mejor aún está por cumplirse. Él dijo que tendría un lugar preparado para nosotros cuando nuestra vida en la tierra terminara. Ese lugar es el cielo, y es más hermoso que cualquier cosa que hayamos visto. Es tan hermoso que si tuvieras que dibujarlo como te lo imaginas tendrías que utilizar todos los colores de tu caja de colorear. Piensa en una ciudad hecha completa de oro y de todo tipo de piedras preciosas como las verdes esmeraldas, los azules zafiros y las violetas amatistas. Imagínate las calles de oro y las puertas de perlas.

Bueno, el cielo es así. Es un lugar donde no hay dolor, tristeza o muerte. Y lo mejor de todo, Jesús estará allá y nosotros estaremos con Él para siempre.

Historia bíblica

Juan 14:1-2; Apocalipsis 21

Un día Jesús habló con sus amigos y seguidores acerca del cielo. Les dijo: «No se angustien. Confíen en Dios, y confíen también en mí. En la casa de mi Padre hay muchas viviendas; si no fuera así, no les habría dicho que voy a prepararles un lugar».

Dios promete que en el cielo nadie volverá a estar triste. Nadie se enfermará alguna vez. Todo será más maravilloso de lo que alguna vez nos hayamos imaginado. Y estaremos felices para siempre.

Vamos a leer y a compartir

¡Hablemos de . . . !

★ ¿Qué dijo Jesús que iba a hacer en el cielo para nosotros?

★ ¿Estaremos tristes en el cielo?

★ ¿Qué es lo más emocionante del cielo?

Comparte el amor de Dios

¡Estupendo! ¡Qué maravilloso es tener la esperanza de un hogar en el cielo! Estas son algunas ideas que te ayudarán a imaginar cuán hermoso será nuestro hogar en el cielo:

1. Describe el lugar más hermoso que hayas visto. (El cielo será miles de veces más hermoso.)

2. Escribe tu propia canción sobre cuán maravilloso será el cielo.

Oración

Amado Señor: Gracias por tu promesa del cielo. Sé que tienes muchas cosas para que yo haga primero en esta vida. Pero es muy bueno saber que tienes un lugar esperando por mí. Amén.

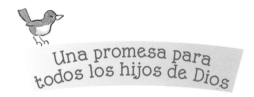

Una promesa para
todos los hijos de Dios

Ningún mortal ha visto,
ni oído, ni imaginado
las maravillas que Dios
tiene preparadas
para los que aman al Señor.

1 Corintios 2:9

Notas